有话直说
我的哲学心得

宋志明 著

燕山大学出版社
·秦皇岛·

图书在版编目（CIP）数据

有话直说：我的哲学心得 / 宋志明著. -- 秦皇岛：燕山大学出版社，2025. 4. -- ISBN 978-7-5761-0807-1

Ⅰ. B2-53

中国国家版本馆CIP数据核字第2025PF2362号

有话直说：我的哲学心得
YOUHUA-ZHISHUO: WO DE ZHEXUE XINDE

宋志明 著

出 版 人：陈 玉			
责任编辑：柯亚莉		封面设计：方志强	
责任印制：吴 波		排　　版：保定万方数据处理有限公司	
出版发行：燕山大学出版社		地　　址：河北省秦皇岛市河北大街西段438号	
邮政编码：066004		电　　话：0335-8387555	
印　　刷：河北赛文印刷有限公司		经　　销：全国新华书店	
开　　本：880mm×1230mm　1/32		印　　张：8.5　字　　数：170千字	
版　　次：2025年4月第1版		印　　次：2025年4月第1次印刷	
书　　号：ISBN 978-7-5761-0807-1			
定　　价：45.00元			

版权所有　侵权必究

如发生印刷、装订质量问题，读者可与出版社联系调换

联系电话：0335-8387718

自序：我学与我思

我原本吉林炭素厂304车间的一名工人，却误打误撞地进入吉林大学哲学系，成了《中国哲学史》编写组成员。我在编写组工作了两年多，等于免费读了个大学。哲学系给我安排的名分是"工农兵讲师"。这是个很奇怪的称呼，通常只听说过"工农兵大学生"，从未听说过如此称号。哲学系这样称呼我倒是很贴切，因为我在吉林大学没有学籍，正式学历仍然是吉林市第一中学高中毕业生。在哲学系，我的身份是客人，自然享受客人待遇。我长期住在吉林大学招待所里，免交住宿费。哲学系为我办理了特殊的图书借阅证，可以随便进入吉林大学图书馆书库，享受教授级别待遇，借阅量也没有限制。我经常带着旅行袋借书，尽兴地沉浸在书籍的海洋里。我可以随意进大学课堂听课，不受任何限制。我完整地听了金龙哲老师讲授的恩格斯著《路德维希·费尔巴哈和德国古典哲学的终结》，并且做了详细的听课笔记。我在重点高中吉林市第一中学就是学习尖子，已养成好学深思的习惯，如今参加编书组算是派上了用场。我与吕希晨、吴锦东、朱日耀、陈庆坤四位老师朝夕相处，获益匪浅。他们帮助我完成了最初的学术积累。

1979年，我以同等学力的资格考上吉林大学哲学系研究生，正式开始学术生涯。我是哲学系在新时期招收的第一批研究生。入学时只叫研究生，并不叫硕士生。国家推出新规定，吉林大学成立研究生院之后，我们就变成第一批硕士生。我的硕士生导师是乌恩溥先生。他生于1925年，当时50多岁。我是他指导的第一批硕士生。他原来的工作单位是中国科学院哲学所中国哲学史组。冯友兰任组长，他担任党支部书记。因参加社会主义教育工作队，滞留在长春，后调入吉林大学哲学系任教授。乌师是把我领入学术殿堂的导师。他教导我说，读硕士生不只是为了写一篇论文，而是培养论文写作能力。有了这种能力，就可以一篇接一篇地写出论文，拿出去发表。当时负责研究生工作的系领导高海清教授对我们说，写硕士论文有两条路可走。一条路是老题新作，在吸收前人研究成果的基础上，从新的角度挖掘老题目，力求写出新意来；一条路是新题新作，选一个别人没有做过的新题目，独立发挥，提出新见解，形成新结论。无论走哪条路，创新都是必然的要求。创新是学术论文的生命力，如果没有新意，那么论文是不值得做的。我表示走新题新作的路，选择冯友兰为研究对象，写一篇《新理学简论》。乌师同意我的选择，遂把硕士论文的题目定下来了。乌师嘱咐我说，写硕士论文通常有三个步骤。第一步是搜集材料，仔细阅读原著，消化理解，打好基础。这一步很重要，观点来自材料，不读材料无法形成观点，有如地球围着太阳转。第二步是依据材料形成观点，提出自己的看法，写出提纲。第三步是把观点同材料有机结合起来，写成有理有据的文章。要充分利用材料论证自己提出的观点，有如月亮围着地球转。按照乌师的要求，我阅读了吉林大学收藏的冯友兰著"贞元六书"，还到北京、上海等地图书馆查找有关资料，读书笔记记了几大本。在此基础上，我写成初稿，交到乌师手上。乌师阅后不甚满意，觉得还有"大批判"影子。他强调，硕士论文不应写成"大批判"文章，应当在"研究"二字上下功夫。我仔细琢磨乌师的意见，作出较大的修改，终于写成3万多字的《新理学简论》。答辩顺利通过，如愿获得哲学硕士学位。我根据硕士论文改写成3篇文章。第一篇题为《评冯友兰先生的新理学》，收入《中国近现代哲学史研究文集》，为《吉林大学社会科学丛刊》之一种；第二篇题为《新理学简论》，发表在《吉林大学研究生论文集刊》1984年第1期；第三篇题为《新形上学述评》，发表在《长春师范学院学报》1984年第2期。

1983年我考上中国人民大学博士生，遇到另一位导师石峻先生。他当年60多岁。他曾是我的答辩委员会主席，不意我竟成了他的开山弟子。中国人民大学首批博士生只招到5人，哲学系3人，经济学系2人。博士生导师包括石峻在内只有8人，许多导师没招到学生。中国哲学专业只有我一个人，没有办法开设专业课。我仍以自学为主，定期向导师汇报情况，接受指导。石峻先生德高望重，大家尊称他为"石公"。他提高了我专著写作能力和口头表达能力。读博士需要写20多万字的论文。我的硕士论文内容是关于冯友兰先生的研究，如果再增加梁漱溟、熊十力、贺麟等三位先生，不正好构成关于现代新儒家的研究吗？那时学术界还没有出现现代新儒家的提法，我可能是使用这个概念的第一人。我向石公汇报了自己的想法，他沉思片刻，问道：总不能把四个人物罗列在一起吧，他们之间是什么联系呢？我回答说：可以用主体、客体、主客体统一的逻辑把四个人物串起来，形成一个整体。梁漱溟彰显主体性，冯友兰彰显客体性，熊十力、贺麟彰显主客统一。石公批准了我的选题计划，确定博士论文的题目是《现代新儒家研究》。令人没有想到的是，张岱年先生表示不同意见。他认为"儒家"一词已被搞臭了，跟"地、富、反、坏、右"差不多，老先生们会接受这种称谓吗？我对张先生讲，我不会用"大批判"态度对待老先生，只对他们做客观的、公允的研究，绝不伤害他们的人格。我终于打消了张先生的疑虑。

　　石公把珍藏几十年的文言本《新唯识论》找出来，供我写博士论文使用。这本书在图书馆已找不到了，很珍贵。经过一年多的写作，我终于完成28万字的博士论文。石公阅后基本表示满意，也提出具体修改意见。我吸收石公的意见，作了最后的修改，打印出厚厚的两大册。1986年10月举行答辩，任继愈先生任主席，通讯评议人13位。在中国人民大学校史上，这是第一次博士论文答辩，所以很吸引眼球。答辩在人文楼一间大会议室举行，旁观者很多，估计有上百人，连走廊都站满了。校刊编辑部专门派人拍照、采访，用头版报道每个答辩者的访谈录。我通过答辩，顺利获得博士学位，留在中国人民大学哲学系任教师。石公是口才极佳的教授。他对我传授经验说：讲课要注意三点。第一，说话要慢，让学生有回味的时间，能跟上老师的思路。第二，要少而精，提出一个观点，要掰开来，揉碎了，讲清楚，切不可总是卖弄新名词。第三，讲课不仅用嘴，还要用眼睛，用眼睛把听者"组织"起来，通过眼神相互交流。石公的指导对我帮助很大。我采用石公传授的方法，收到了奇效。我之所以能获得第八届北京市高等学校教学名师奖，同石公的教导有密切关系。

在我教书期间，两位导师先后去世了。我失去了依靠，只好走自己的路了。我从以学为主，渐渐转向以思为主。直到60岁以后，才形成自己的中国哲学观。2008年，我因年龄原因被免去中国人民大学书报资料中心总编职务，又操起给本科生讲中国古代哲学史的教鞭。我回到课堂时已届老年，自以为对中国哲学史有独到的理解。我不再受条条框框的限制，只讲自己的体会。自己怎么想，就怎么讲，绝不说空话、套话。我的讲课得到同学们的欢迎，每次下课都报以热烈的掌声。同学们用录音笔把课程录下来，由陈治宇、李依蔓、张婉月、杨昊、黄心哲、李兴、古丽南·胡思曼、冯佳欣参与整理成《薪尽火传：宋志明中国古代哲学讲稿》一书，2010年由北京师范大学出版社出版。我的中国哲学观主要有六句话：

一是抓住中国哲学自身的基本问题，也就是天人之辨问题不放。这个问题有如中国哲学的灵魂，不抓住这个问题没法体现中国哲学的主体意识和问题意识。二是把握逻辑主线，展开四个逻辑阶段即奠基期、展开期、高峰期和拓展期。不找到逻辑线索，按朝代堆积体现不出历史感。三是呈现一条曲线。中国传统哲学出现三次高潮、两次低潮：诸子学、玄学、理学是高潮；经学和宗派佛教是低潮。四是取得诸子学、经学、玄学、佛教、道教、理学、近代哲学、现代哲学等八项理论思维成果。五是发生七次变化，分别是人学、天学、体学、佛道二教、理学、近代哲学和现代哲学。六是经历三次飞跃：第一次从半哲学跃升到人生哲学；第二次由人生哲学跃升到自然哲学；第三次由自发哲学跃升到自觉哲学。中国哲学总的发展轨迹是：从摆脱原始宗教起步，依次经过人学（诸子学）、政治半哲学（经学）、人生半哲学（玄学）、宗教半哲学（佛道）、人生哲学（宋明理学）、近代自然哲学、现代自觉哲学等步骤，已达到世界哲学的前沿。

我出版了 30 多本书，发表了 300 多篇文章，其中大部分都建立在我的中国哲学观基础上。本书只选录我晚年的部分心得与读者分享，以期教学相长。感谢燕山大学出版社提供出版机会，感谢柯亚莉付出辛劳，为此书增色。

宋志明
2024 年 6 月序于中国人民大学宜园 2 楼思灵善斋

目　　录

天人之辨刍议 / 1
儒家群体共识理论的养成 / 20
道家学派的个体性观照 / 40
荀学辨惑 / 60
中国古代哲学展开期脉络 / 78
张载朱熹王夫之气学合论 / 98

康有为：近代哲学突破者 / 118
孙中山：别开生面先行者 / 140
章太炎：特立独行探索者 / 160
梁启超：憧憬新民构想者 / 181

中国现代哲学观念的变迁 / 201

附录　儒学学者口述史：宋志明先生访谈录 / 222

天人之辨刍议

中国哲学史领域曾经长期受物质精神之辨困扰,为"何者为第一性"问题大伤脑筋。按照苏联"两军对战"的模式、集体编写的中国哲学史教材,硬性地给某些哲学家戴上"唯物主义者"的帽子,给某些哲学家戴上"唯心主义者"的帽子,实际上很失败。因为用一个外来的问题剪裁中国哲学史,势必扭曲中国哲学史本身。重新审视中国哲学史上的天人之辨,或许能帮助我们摆脱困境、重写中国哲学史。中国哲学史应当以中华民族为主体,因而会同任何一种哲学史有区别。它记录了中华民族精神世界的建构过程,必须牢牢抓住"中国"二字,方能显示出中国哲学史的特色。中国先哲其实都是民族精神建构过程的参与者,他们把时代精神和民族精神凝聚在各种发明的哲学体系中,造就了一座座丰碑,给我们留下弥足珍贵的精神财富。任何一种后人"写的哲学史"读本,当然都是关于"本然哲学史"的摹本,但不是原本的再现,顶多算是对"本然哲学史"的一种理解而已。后人写作中国哲学史,目的在于整理和继承前人留下的精神遗产，为打造中华民族新的精神世界提供资粮。我们尊重"本然哲学史"，可惜我们已经回不到当时的语境，无法照着讲，只能接着讲，按当代人的理解方式讲。

笔者主张摆脱"两军对战"的困扰，捕捉中国哲学自身的基本问题。我们的先哲有独特的问题意识，早就把天人关系视为哲学基本问题，简称天人之辨。我们先哲不像西方人那样看重主客关系，也不像印度人那样看重此岸与彼岸关系，考察天人之辨才是中国哲学的特色之所在。考察天人之辨的大思路是天人合一：天是人眼中的天，人以天为存在环境。天和人结成一个整体。二者统一起来的哲学依据，就叫作"一"，或者本体。至于何者为"一"，或何者为本体，先哲看法不一，由此构成中国古代哲学史的丰富内涵。先哲不关心人的视野之外的世界，故而没有形成西方哲学中那种解释世界的传统。与西方哲学相比，中国哲学在自然观方面不够发达；与印度哲学相比，中国哲学在宗教观方面不够发达。中国哲学有别于自然哲学，也有别于宗教哲学，其实是一种人生哲学。中国哲学始终围绕着人生问题展开，以怎样做人为主题，时刻关注着属于人的世界。至于是否存在着无人的世界，则没有兴趣。在先哲的眼里，世界只有一个，并不与人构成外在关系。

一、源头

在人类文明史上，哲学并不是第一形态，而是继原始宗教观念之后产生的第二形态。原始宗教作为第一形态，比哲学早得多，远古时代就产生了，无法追溯到起点。原始宗教早于中国哲学接触到天人之辨。远古时代生产力水平低下，人对自己没有信心，想象人会受到天神的控制，人不过是天神的附属物而已。基于这种观念，原始宗教看待天人之辨，自然会把天神置于首要位置。"天者，颠也。"人必须听命于天神，听命于至高无上的主宰者。据记载，"殷人每事卜"，凡遇到结婚、出兵等重大事情，必须向天神请示。请示的方式就是占卜。根据龟甲上裂纹的走向判断吉凶，叫作"占"；根据用蓍草算卦的结果判断吉凶，叫作"卜"。目前出土的甲骨文，大部分都是关于占卜的记录。由于中国人很早就发明了牛耕和铁制农具，生产力水平大幅度提升，允许一部分人脱离生产过程，专门从事脑力劳动，遂为哲学问世提供了必要前提。中国哲学产生于公元前5世纪左右，也就是老子和孔子生活的时代。哲学家重新审视天人关系，遂从原始宗教中提炼出哲学意义上的天人之辨。在原始宗教视域中，天是主动的一方，人是被动的一方；而在哲学视域中，人是主动的一方，天是被动的一方。

春秋末年在中国思想界出现了一股强大的无神论思潮，对原始宗教形成猛烈的冲击。一些思想家开始对天神的权威表示怀疑，把目光从对天神的关注，转向对人的关注。公元前706年，季梁说："夫民，神之主也，是以圣王先成民而后致力于神。"（《左传·桓公六年》）他所说的"主"，是凭借的意思。他认为民众对于国家来说要比天神重要，因为民众才是天神的依凭、寄托之所在。就重要性而言，民众是第一位的，而天神是第二位的。尽管他没有否定天神的存在，但毕竟把天神降到次要的位置。公元前662年，史嚚发展了季梁的观点，进一步指出："国将兴听于民，将亡听于神。"（《左传·庄公三十二年》）他把重视民众还是重视神，提到关乎国家兴亡的高度，把"听于神"与亡国联系在一起，对天神的权威无疑是极大的贬抑。在无神论思潮的冲击下，原始宗教悄然退场，没能从中发展出有组织的宗教。后来的道教是佛教传入后形成的，与原始宗教之间无关。中国哲学一经产生，便获得独立身份，没有像西方那样成为神学的婢女。中华民族早就在哲学意义上探讨天人之辨，宗教意识相对其他民族淡薄得多。这在人类文明史上是一种罕见的现象。郑国的子产率先触及哲学意义上的天人之辨。据史书记载，郑国曾发生过一场火灾，下属请求子产采纳占星术者裨灶的建议拜祭天神，以求火灾不再发生。子产表示反对，他的理由是："天道远，人道迩，非所及也，何以知之？灶焉知天道？"（《左传·昭公十八年》）在子产的眼里，天道是遥远的事情，而人道则是切近的事情，两者未必是一回事，神灶怎么会知道天道一定能干预人事呢？他把天道与人道区分开来，显然用哲学的、理性的眼光看待天人之辨。可惜，我们读不到子产的著作，还不能断定他的哲学家身份。

堪称第一代哲学家的中国人有三位：一位是道家的开创者老子，他给我们留下的哲学著作叫《老子》或称《道德经》；一位是儒家的开创者孔子，他的言行被弟子记录下来，汇成《论语》一书；再一位是墨家的开创者墨翟，墨家学派集体所著书，用《墨子》命名。这三位皆以天人之辨作为哲学思考的起点。

老子从正面出发，推倒天神的权威，大力倡导"道"这种哲学理念。《道德经》的开篇写道："道可道，非常道。"（《老子》第一章）老子认为，世界终极的原因，不在于天神，而在于"道"。以前人们总以为一切事情都是天神说了算，老子推翻了这种传统观念，强调在天神之上还有一个"道"。他用一种理性的权威取代了神性的权威，开启了讲哲学之路。他指出，对于道来说，"吾不知其谁之子，象帝之先"（《老子》第四章）。"象"就是仿佛的意思。在老子看来，天神即便真的存在的话，在道的面前也不过是晚生后辈，因为再没有什么因素比道更为原始的了。道就是宇宙万物的老根、老母、本原。老子强调，道并不是某种具体的存在物，而是抽象的普遍原理。从本原的意义上说，道是万物的始基；万物自然而然地从道产生出来，同有意志的造物主无关。道虽促成万物，但"成功不名有"，"爱养万物不为主"（《老子》第三十四章），不会以造物主自居。老子的这些论述清楚地表明：他的天道观在中国哲学史上具有划时代意义，标志着哲学对原始宗教的胜利，标志着理论思维繁荣的时代真正到来了。

如果说老子以"天"为切入点，拉开了哲学的一扇门，那么，孔子则以"人"为切入点，拉开了哲学的另一扇门。他重新认识人，重新解释人，把人从天神的重压之下解放出来。孔子也很看重道，甚至看得比生命还重要，曾表示"朝闻道，夕死可矣"（《论语·里仁》）。老子所说的道，关乎天人之辨，但把侧重点放在天道方面；孔子所说的道也关乎天人之辨，侧重点却放在人道方面，强调道就是人们必须遵守的行为准则。所以说"人能弘道，非道弘人"（《论语·卫灵公》）。人道的基本内容就是"仁"，孔子教导弟子说："君子无终食之间违仁。"（《论语·里仁》）正人君子时时刻刻都不能违背仁道。仁集中表现在两方面：一是要严格地要求自己，"苟志于仁矣，无恶也"（《论语·里仁》）；二是要宽容地对待他人，"己欲立而立人，己欲达而达人"（《论语·雍也》），"己所不欲，勿施于人"（《论语·颜渊》）。这就是孔子"一以贯之"的忠恕之道。我们姑且不去评论孔子仁学，仅从孔子考察人道的思维方式看，可以发现他没有从天神那里寻求人道，而是从人自身寻求人道，采取的是理性的考察方式。他通过彰显人道的途径，也达到了哲学意识自觉的水准，可以说与老子殊途而同归。

与儒家并称为显学的墨家，也在寻找天人之辨的哲学思路。按照墨家的解释，人应该遵守"圣王之道"，其中包含兼爱、尚贤、尚同、节用、节葬、非乐、非命、非攻、尊天、明鬼等十项内容。墨家虽然在形式上承认"天志"，但不认为天神有凌驾人之上的权力。其实天志就是"人志"，不过借用天的名义而已。墨子的人道观同蔑视人、压迫人的原始宗教格格不入，他旗帜鲜明地倡导"非命"主张。他指出："命者，暴王所作，穷人所术，非仁者之言也。"（《墨子·非命下》）照墨子看来，原始宗教有悖于"圣王之道"，理当予以清除。墨家把"天"和"命"拆开来看，只保留"天"的形式，但更新其内涵；对于"命"，则坚决否定。墨家的批判意识建立在理性主义基础之上，表明他们也以自己的方式达到了对于理论思维的自觉，也在重新探讨天人之辨，踏上哲学之路。墨子同老子、孔子一样，同为中国哲学的奠基人。

二、演化

天人之辨虽然是中国哲学的基本问题，但并非一成不变。随着历史的发展和语境的变迁，天人之辨作为中国古代哲学基本问题，仅仅是提供一个主线，并不限制由此演化出各种具体问题，给了后来哲学家自由思考的空间。

(一) 先秦时期：人为重点

春秋战国时期中国社会出现大动荡、大分化、大改组局面。西周其实是由八百多个小邦组成的联合体，并不是统一的王朝。周王室只能在周边有限的区域行使权力，管不了离首都远一点的地方。春秋初年，这一松散联合体开始向真正的"大一统"王朝靠拢。这种变化是残酷的，各国战事频仍，相互攻伐，诸侯们皆以"天下"为争夺对象，但呈现出从多元走向一元的发展趋势。在这种语境中，哲学家探讨天人之辨，自然会以人为重心。这是天人之辨的第一次变化。由于社会处在分裂状态，全中国没有统一，哲学家可以自由地游走，自由地思考，故而诸说林立，呈现出学术繁荣、诸子蜂起、百家争鸣的景象。哲学家们通常用"乱世"二字形容自己所处的时代，憧憬着各自心目中的治世。道家向往的治世奉行个体性原则。老子主张自然的天人合一，主张建立"小国寡民"的社会。在这种治世里，人们皆以"婴儿"相待，返璞归真，相互不干预，相安无事，"老死不相往来"。如果这种治世得以实现，乱世局面一定会扭转，纷争现象自然会消除。道理很简单，两个襁褓中的婴儿，永远不会打架。儒家心目中的治世，奉行群体性原则。孔子不认为人与人之间是"婴儿"间关系，而是"兄弟"关系，"四海之内，皆兄弟也"（《论语·颜渊》),他主张以仁为纽带,把众"兄弟"联络成和谐的群体。在这个群体中,人们相亲相爱,相互照应,相得益彰。墨家也看重人的群体性,主张"兼相爱,交相利"。法家虽认同人的群体性,却极力奉劝君王采取暴力手段,强行把中国统一起来,建立专制主义中央集权国家。

(二) 两汉时期:天为重点

天人之辨的第二次变化,出现在两汉时期。经学家探讨天人之辨时,不再以人为重点,而转向以天为重点。他们心目中的天,就是中央集权制国家的表征。董仲舒宣称:皇帝受命于天,"立于生杀之位,与天共持变化之势"(《春秋繁露·王道通三》)。刘氏王朝再次统一中国之后,放弃了秦朝奉行的法家政策,开始在法家之外寻求治国谋略。汉初皇帝一度选择主要来自道家的黄老之学,虽收到"无为而治"的效果,但也造成了"尾大不掉"的弊病,甚至威胁到中央集权制度。汉武帝刘彻遂放弃黄老之学,采纳儒者董仲舒的建议,罢黜百家,独尊儒术,把儒家扶植到官方哲学的位置。儒学变身为官方哲学以后,被称为经学,有"大经大法"的意思。儒学变为经学,既有有利的一面,也有不利的一面。有利的一面在于可以借助皇权的力量扩大学术影响;不利的一面在于只能充当皇权的御用品,从而限制了学术的发展。中国的皇帝比西方的皇帝霸道得多,不但是政治上的专制者,而且也是文化上的专制者。经学遇到了问题，都要皇帝出面协调拍板。在中国，儒学虽没成神学的婢女，却不幸成了皇权的婢女。经学家只能在皇权的笼子里跳舞，说一些皇帝喜欢听的话，说一些维护"大一统"的话。经学家把天人之辨的重心由人转移到天，目的在于为皇权的合法性提供理论依据。

（三）玄学：从形象到抽象的体用之辨

天人之辨的第三次变化，出现在魏晋时期。玄学家不再像经学家那样关注天，而从天人之辨引申出更为具体的体用之辨。玄学淡化了哲学的政治色彩，试图寻找到精神支柱。到魏晋时期，刘氏王朝实际上已经崩溃，中国社会再度陷入分裂状态。刘氏王朝皇帝供奉的"天"已经塌了，依附于皇权的经学随之也陷入了危机，再也没有人愿意谈论天的话题了。"天"已经变了，不再能支撑精神世界，必须另辟蹊径。在这种情况下，玄学应运而生了。由于当时无人能约束思想界，玄学家不必像经学家那样在皇权的笼子里跳舞，而是又寻回自由思考的乐园。玄学可资利用的资源，除了儒家之外还有道家，可谓是儒道两家的整合：在解释何者为"体"方面，他们利用了道家的资源；在解释何者为"用"方面，则利用了儒家的资源。按照经学家的解释，天是有形象的天，与人属于同类：天无非是放大了的人，而人是缩小了的天。天凌驾在万民之上，二者构成一种外在的合一关系。玄学家试图把这种外在的合一关系转化成内在的合一关系。在玄学家看来,天与人结成一个整体,皆以抽象的本体为支撑点。玄学家虽然关注体用之辨,但骨子里并没有放弃天人之辨。在玄学家那里,"体"对应着"天","用"对应着人,体用之辨同天人之辨兼容。所谓"用",是关涉人的价值观念。只有对人的行为才谈得上"用",至于非人的活动,无所谓"用"或"不用"。"用"是中国哲学特有的范畴,与西方哲学中的"现象"不是一回事。玄学家只讲到本体的抽象层面,但未讲到本体的超越层面。无论王弼推崇的"无",还是裴頠推崇的"有",抑或郭象推崇的"独化",都是抽象的本体,而不是超越的本体。玄学家从"用"中抽象出"体",却无法把"体"还原到"用",充当不了精神支柱。在这种情况下,佛教抢走了玄学的风头,致使玄学迅速离场。佛教把本体叫作真如,接着玄学抽象性的话题讲到超越性,在中国获得长足发展,形成中国佛教宗派。

(四) 中国佛教宗派:从抽象到超越的彼岸此岸之辨

天人之辨的第四次变化,出现在中国佛教宗派形成的时候。中国历来的世界观都承认一个世界,并对其真实性深信不疑,玄学也不例外。在一个世界的架构中,找不到超越之处,玄学家讲到抽象本体,走不下去了。中国人原本没有超越理念,这种理念是从印度佛教中引进的。印度人与中国人不同,相信世界有两个:一个是众生所在的世界,叫作此岸;另一个是诸佛所在的世界,叫作彼岸。此岸是虚假的,彼岸才是真实的。真如本体不在此岸,而在彼岸,超越就是设法从此岸跳到彼岸。这是一种外在超越的思路。中国人虽接受了佛教的超越理念,却不认同印度人的思路,自觉或不自觉地将此岸彼岸之辨纳入天人之辨,使二者变成兼容关系。中国佛教宗派把彼岸看作天,把此岸看作人,强调此岸和彼岸的整体性,重拾天人合一的路径。称实而论,不是中国被佛教化,而是佛教被中国化,标志就是中国佛教宗派的形成。华严宗强调此岸和彼岸是整体的两面,不能截然分割。"一即一切,一切即一。"此岸就是彼岸,烦恼就是菩提,生死就是涅槃,二者"圆融无碍"。禅宗认为众生与诸佛只是一念之差:"前念迷即凡夫,后念悟即佛;前念著境即烦恼,后念离境即菩提。"(《坛经·般若品》)他们虽不反对此岸与彼岸的划分,但已向一个世界靠拢,离走出佛教仅一步之遥了。

(五)宋明理学:由超越到内在的理事之辨

天人之辨的第五次变化,出现在宋明理学产生以后。中国佛教宗派虽已走到佛教的边缘,但碍于信徒的身份,无法再走下去了。真正突破佛教领域的哲学家群体,非宋明理学家莫属。他们放弃此岸彼岸之辨,转向理事之辨,并达到中国古代哲学的最高峰。理事之辨其实是天人之辨的具体化:理对应着天,事对应着人。因为只有人参与的活动才能叫作事，单纯的活动不能叫作事。理事之辨同中国佛教宗派有渊源关系，华严宗早于理学家提出"理法界""事法界"等观念。理学家吸收中国佛教宗派的思维成果，把超越理念提升到哲学层面，建构起理想的精神境界，以此为安身立命之地，找到内在超越的路径。理想境界与外在的宗教超越不同，不在世界之外，只是一种内在的哲学超越。他们看重超越性，更看重内在性。相对来说，程朱侧重于超越性，陆王侧重于内在性，二者互补，内在超越是他们的共同主张。理学家终于把儒学从政治哲学提升到人生哲学。传统儒学为官吏说法，试图回答如何治国的问题；宋明理学则为大众说法，试图回答如何做人的问题。在他们看来，做人不必羡慕佛或仙，做儒家的圣人就足够了。王阳明指出，做圣人同社会地位高低无关，因为这里有机遇问题，不取决于个人是否努力；做圣人也同能力大小无关，因为这里有天赋问题。嗓子不好，无论怎么练也成不了歌唱家。唯独做圣人，不受任何限制。做圣人犹如炼金子，不在于分量如何，而在于成色怎样。他把"德"与"位"区分开来，把"德"与"能"区分开来，极言"满街都是圣人"。

三、启迪

旧著中国哲学史教材主要存在三个弊病：一是用外来

的问题遮蔽中国自身的哲学基本问题,忽视了天人之辨,所谓中国哲学史,却造成中国缺位;二是缺乏问题意识和理论分析,无法起到锻炼理论思维能力的作用,造成哲学感缺位;三是看不到中国哲学的发展过程,把中国哲学史变成"点"的集合,没有找到"线"的联系,造成历史感缺位。要想解决上述三个"缺位",有必要回到中国哲学自身的基本问题——天人之辨。

同马克思以前的西方哲学相比,中国哲学的论域比较宽。西方人的主流观念曾经是上帝创造世界,往往把哲学限制在解释世界方面,遂以物质精神之辨为基本问题。中国哲学不是这样。由于中国没有创世说,自然不会涉及物质精神之辨,有天人之辨作为哲学基本问题就足够了。中国哲学尽管涉及宇宙本原问题,但并不以此为核心话题。按照冯友兰先生晚年的说法,中国哲学的论域不是一个,而是三个,即宇宙、社会和人生。宇宙是人生活于其中的客观环境,用中国哲学的术语说,就是天。社会是群体的生存方式,人生是个体的生存方式,二者加在一起,用中国哲学的术语说,就是人。对于中国哲学来说,能涵盖三个论域的哲学基本问题,不可能是物质精神之辨,只能是天人之辨。中国哲学家提出问题的方式跟西方哲学家不一样。西方哲学家追问"世界从哪里来",故而提出本原、本质、本体、第一原理等话题。有的哲学家侧重于物质的进路,有的哲学家侧重精神的进路,于是物质精神之辨遂成为西方哲学中的基本问题。中国哲学家没有把世界看成判断的客观对象,只是看成人生存的环境、场景,故而没有像西方哲学家那样把世界对象化。中国哲学家从不过问"世界从哪里来",只关心"人与世界的关系怎样"。这种追问虽然涉及"本原"问题,但主要还是"本然"问题,即真实的世界究竟如何,人应当如何应对这个世界,出于这种思考,自然会选择天人之辨为哲学基本问题。

我们说天人之辨是中国哲学的基本问题,绝不是强加的,而是有充分的历史根据。《周易·乾卦·象传》上说:"天行健,君子以自强不息。"作者显然围绕着天人之辨讲:第一句说的是天,第二句紧接着说的就是人,意思是天和人遵循共同规则。"健"和"自强不息"一样,都有"动"的意思。庄子说:"知天之所为,知人之所为者,至矣。"(《庄子·大宗师》)《中庸》写道:"思知人,不可以不知天。"都是表示关注天人之辨。司马迁所说的"究天人之际",同天人之辨是一个意思。他所说的"际",就是"关系"的意思。如何看待天人之辨,是每个先哲必须面对的哲学基本问题,历代哲学家都十分重视。邵雍说:"学不际天人,不足以谓之学。"(《皇极经世·观物外篇》)就是做学问得讲究天人之辨。他这里所说的"学",显然不是指科学方面的知识,而是指哲学方面的知识。戴震也说:"天人之道,经之大训萃焉。"(《原善》卷上)天人之道就是指天人之辨。总之,从原创期到展开期,再到高峰期,天人之辨贯彻始终，称之为中国哲学基本问题，实至名归。天人之辨对于中国哲学犹如灵魂一样，不抓住这个问题等于没有抓住灵魂。

旧著教材好像不是中国人自己写的，仿佛出自外国人手笔。外国人戴着有色眼镜，远远地看中国，弄不清楚真相如何。旧著教材用外国人的哲学问题意识遮蔽了自身的哲学基本问题，因此造成许多误解。例如，旧著教材依据物质精神之辨，在中国哲学史中划分谁是唯物主义者、谁是唯心主义者，就陷入困境。先哲本来就没有过问此问题，怎么好贸然定论？拿老子来说，有人根据老子的"有物混成"之说，断定他是唯物主义者；有人根据老子"道可道，非常道"之说，断定他是唯心主义者。旧著教材居然把两种观点一并收入，在正文中把老子写成唯物主义者，而在附录中把老子写成唯心主义者。这种教材弄得读者莫衷一是，如堕五里雾中。旧著教材硬说中国哲学史上有"两军对战"，武断地将一些人列入唯心主义阵营，将一些人列入唯物主义阵营。老子、庄子、孔子、孟子、董仲舒、华严宗、禅宗、二程、朱熹、陆九渊、王阳明等大部分有重大历史影响的哲学家和佛教宗派统统被打成"唯心主义者"，变成被否定、被批判甚至被打倒的对象。如果这种观点能成立的话，中国还有什么优秀传统文化可言？那些被列入唯物主义阵营的哲学家，也是莫须有的编造。以王夫之为例，他虽躲在瑶民居住区写了大量著作，可惜大部分没有印成书，几乎没有什么影响。在他去世二百多年以后，为了给湘人提气，曾国藩才把王夫之的著作全部出版。王夫之生前默默无闻，去世后竟被封为"史上最大的唯物主义者"。若他地下有知，绝不会接受如此称谓。物质精神之辨本来与中国人无关，天人之辨才是中国哲学的灵魂。我们探讨天人之辨，得到的第一点启迪就是：重写中国古代哲学史必须牢牢抓住中华民族的主体性，考察中华民族思维建构过程。中国哲学史再也不能没有中国了！

得到的第二点启迪是：重写中国古代哲学史必须树立问题意识，解决哲学缺位的问题。恩格斯对哲学史很重视，强调研究以往哲学是锻炼理论思维的唯一途径。旧著教材只罗列人名，堆砌事件，从不作问题分析，哪里能起到锻炼理论思维的作用？读了旧著教材，我们仿佛看到"两军"在那里打架，至于为什么打架，知其然不知其所以然。称实而言，哲学史本不该只是叙事，更应当注重问题的提出或提问题方式的改变。只有这样的哲学史读本才会帮助读者锻炼理论思维能力。正如蔡元培先生所说："哲学是人类思想的产物，思想起于怀疑，因怀疑而求解答，所以有种种假定的学说。普通人都有怀疑的时候，但往往听到一种说明，就深信不疑，算是已经解决了。一经哲学家考察，觉得普通人所认为业经解决的，其中还大有疑点；于是提出种种问题来，再求解答。要是这些哲学家有了各种解答了，他们的信徒认为不成问题了；然而又有些哲学家看出其中又大有疑点，又提出种种问题来，又求解答。有从前以为不成问题而后来成为问题的；有从前以为是简单问题而后来成为复杂问题的。初以为解答愈多，问题愈少，那知道问题反随解答而增加。几千年来，这样的递推下来，所以有今日哲学界的状况。"[1] 没有问题意识，不可能写出哲学史，不可能使理论思维得到锻炼。

天人之辨是中国哲学的基本问题，但不是僵化的问题，允许后代哲学家根据时代的变迁，将其转化为具体的问题。具体问题与基本问题兼容，二者并不矛盾，表明人们对天人之辨的认识不断深化。先秦重点是人，汉代的重点是天，玄学的具体问题是体用之辨，中国佛教宗派的具体问题是彼岸此岸之辨，宋明理学的具体问题是理事之辨，都未曾离开过天人之辨。至于天人之辨为什么会不断变化，编写者必须给出解释、讲出道理来。

得到的第三点启迪是：重写中国古代哲学史必须揭示发展过程，解决历史缺位的问题。旧著教材视物质精神之辨为唯一问题，只能按朝代更迭顺序叙事，结果弄得内容繁杂臃肿，篇幅很长，却没有历史感。旧著教材只孤立地交代一个个知识点，至于点与点之间有什么联系，没有交代。没有线，当然也就没有历史感可言，谁能根据一个问

---

[1] 高平叔编：《蔡元培哲学论著》，石家庄：河北人民出版社，1985年版，第305页。

题写成历史来？旧著教材跟字典一样，只能得到平板化的画面，得不到立体化的历史感。

天人之辨跟物质精神之辨不同，它虽是中国哲学基本问题，但不是唯一问题。它只为我们提供一条基本线索，可以沿着这一线索展示中国古代哲学史的丰富内容，找出发展过程的关节点，找出问题变迁的原因。

〔原题《天人之辨：源头、演化与启迪——重写中国哲学史刍议》，见《学术界》2023年第6期。〕

儒家群体共识理论的养成

关于儒学的特色，可谓仁者见仁、智者见智，并没有公认的说法。怎样概括儒学特色？这原本是一个理解性的话题，所见不同，很正常。本文只是笔者的一点心得，无意求得广泛认同。笔者认为，儒学最显著的特色，在于倡导和维护群体共识。关注群体共识如何养成的问题，贯穿了古代儒学史的全过程。

一、首倡仁学

儒家认为，任何社会的形成都缺少不了精神因素的参与。这种精神因素就是群体共识。儒家的群体共识理论发端于先秦时期，发端于大一统的中国社会即将形成时期。

在春秋战国时期，中国社会发展处在大动荡、大分化、大改组时代。大一统社会正在走来，松散的诸侯联合体即将成为过去。在春秋之前，中国实际上是一个松散的、由诸侯国组成的联合体，王室只是形式上的领袖，并未建立起真正的国家、真正的大一统社会。那时，无论是夏朝还是周朝，普遍都采用五服制度。王室的控制范围，大概仅限于离王室较近的几个诸侯国，叫作"侯服"；诸侯国离王室的距离越远，王室的影响力越弱，分别采取"甸服""绥服""要服"的办法；至于那些离王室最远的诸侯国，并不在王室的实际控制范围内，只能采取"荒服"的办法。这些诸侯国不过是对王室实行礼节性的朝觐而已，各行其是，各自为政，并不受王室政令的约束。

周朝初建时期，诸侯国有几百个之多。由于连年征战，弱肉强食，大多数诸侯国都被吞并，销声匿迹了。到春秋时期，仅剩下几十个诸侯国。到战国时期，仅有齐、楚、燕、韩、赵、魏、秦等七个诸侯国。到战国末年，强大的秦国依据法家理论，终于用武力扫平六国，建立起中国历史上第一个实行中央集权制的帝国。帝国与王国不同，已不再是松散联盟，而是能真正行使管辖权。秦始皇把当时的中国划分为三十六个郡，由中央派遣官员治理，直接对皇帝负责。

儒家的群体共识理论形成于春秋时期。那时中国虽然还未形成统一的国家，但已显露出走向统一的苗头。儒家的创始人孔子准确地捕捉到这种苗头，及时提出：新社会应该有群体共识。这乃是统一趋向在观念层面的折射。他把群体共识建立在"道"的基础上面。孔子很看重道，他说："朝闻道，夕死可矣。"（《论语·里仁》）在他看来，道比生命还重要；即便为求道牺牲了生命，也是值得的。如果说老子特别看重天道的话，那么，孔子特别看重人道，看重天道在人身上的体现。与道家不同，孔子认为人不应该像动物那样被动地遵循道，而是应主动地弘扬道。人与道之间的关系应当是："人能弘道，非道弘人。"（《论语·卫灵公》）人所弘扬的道，叫作人道，他概称为"仁"。仁是孔子创造出来的，乃是儒家群体共识理论的最初表述。据考古学家讲，他们只在甲骨文中发现过礼字，并未发现仁字。仁大概属于孔子首创。关于仁，孔子未下定义，在不同场合，有不同的说法。在他诸多的表述中，以下六句话，特别值得关注。

第一句，"孝弟为本"。《论语》载："孝弟也者，其为仁之本与！"这句话虽出自有子之口，所表达的却是孔子的意思。孔子认为，培育群体共识首先应当从守孝悌开始做起，"孝"就是爱自己的长辈，"弟（悌）"就是爱自己的同辈。有了这两条，就可以推及路人，进一步扩大仁的适用范围。试想，如果一个人连自己的长辈都不爱，连自己的同辈都不爱，怎么可能爱路人呢？孔子主张爱有差等：首先爱自己的长辈，其次爱自己的同辈，最后才是爱路人。这样，从小群体到大群体，就能逐步地树立起广泛的群体共识。

第二句，"克己复礼为仁"。颜回向孔子请教何谓仁，他回答说："克己复礼为仁，一日克己复礼，天下归仁焉。"

(《论语·颜渊》)我们知道,礼乐制度乃是传统观念,相传周公制礼作乐;仁则是孔子提出来的新观念。孔子必须对仁和礼之间的关联性做出解释,才能与传统对接,既继承传统,又超越传统。他强调,礼乐绝不能仅仅流于形式。"礼云礼云,玉帛云乎哉?乐云乐云,钟鼓云乎哉?"(《论语·阳货》)答案当然是否定的。礼有深刻的内涵,那就是仁。礼不过是行仁的手段而已,仁作为群体共识,才是守礼的目的。"克己"两个字很重要,换句话说,只有克服狭隘的个体意识,才能树立起群体共识。

第三句,"忠恕之道"。《论语》载:"曾子曰:'夫子之道,忠恕而已矣。'"忠恕之道虽出自曾子之口,的确也是孔子的意思。在这里,孔子基于群体共识,提出对待他人的原则:消极地讲,就是"己所不欲,勿施于人",严以律己、宽以待人,从不求全责备;积极地说,就是"己欲立而立人,己欲达而达人",善于推己及人、成人之美。只有遵循这个原则,才能与他人结成社会群体;否则的话,社会群体便无从谈起。

第四句,"仁者爱人"。樊迟向孔子请教何谓仁,孔子的回答很简洁,只有两个字:"爱人。"(《论语·颜渊》)意思是说,仁作为群体共识,仿佛一条精神纽带,把所有的人联系起来,结成和谐的社会。倘若没有这条纽带,所谓和谐社会,便是一句空话。孔子把仁和爱紧紧联系在一起,表明二者同义。在现代汉语中,仁爱连称,已变成一个词。孔子强调，任何人都离不开社会群体。每个人都是群体社会中的一分子，必须学会爱他人，与他人和睦相处。孔子得知马厩失火了，他首先问的话是人有没有受伤，并不关心马匹的损失情况。司马牛慨叹自己没有兄弟，他在孔门得到的安慰是："四海之内，皆兄弟也。"（《论语·颜渊》）把他人皆视为兄弟，这就是仁，这就是爱，这就是应该有的群体共识。

第五句，"博施济众"。《论语》载："子贡曰：'如有博施于民而能济众，何如？可谓仁乎？'子曰：'何事于仁？必也圣乎！尧舜其犹病诸！……'"（《论语·雍也》）在孔子看来，圣人已达到仁的最高境界，是践行仁道的楷模。上古的尧舜禹都是这样的圣人。圣人甘愿为他人奉献，为群体付出自己的一切，最能体现群体共识。孔子很崇拜圣人，视为他心目中的理想人格。他期待圣人早点出现，改变目前混乱的世象，重建"天下有道"的新局面。

第六句，"大同之世"。孔子提出他向往的理想人格，也提出他向往的理想社会，即大同之世。关于大同之世，《礼记·礼运》写道："大道之行也，天下为公。选贤与能，讲信修睦。故人不独亲其亲，不独子其子，使老有所终，壮有所用，幼有所长，矜寡孤独废疾者，皆有所养。男有分，女有归。货恶其弃于地也，不必藏于己；力恶其不出于身也，不必为己。是故谋闭而不兴，盗窃乱贼而不作，故外户而不闭。是谓大同。"这句话虽未出现在《论语》

中，但的确是孔子的一贯思想。所谓大同之世，就是群体共识彻底战胜个体意识的时代。

孔子以上六句话，都是围绕着仁这个核心讲的。在这里，孝悌、克己、恕道、爱人、圣人、大同等等，都强调维护群体共识的必要性。他希望用"仁"这条纽带，把所有中国人联系在一起，结成统一的大社会，不再停留在松散联合体上面。他的这种合理诉求，显然顺应历史发展的大趋势，具有进步意义。孔子的仁学理论应运而生，为全中国统一提供一个不可或缺的必要前提。儒家对"仁"的关注一脉相承，孔子开其端，后学继其绪。这里所说的后学，首先是指战国中期的孟子和战国末年的荀子。

二、人性有善

在战国时期，孟子和荀子都认同孔子仁学，分别从不同的角度对仁学做出证明。孟子沿着孔子"为仁由己"的思路，用"人性善"支持仁学，对儒家群体共识的普遍性做出证明；荀子沿着孔子"约之以礼"的思路，用"人性朴"支持仁学，对儒家群体共识的约束力做出证明。由于他们的努力，儒家学脉得以延续和深化。

孟子坚信人性善。他所说的善，乃是一切道德的总称。孟学最鲜明的特色是："孟子道性善，言必称尧舜。"（《孟子·滕文公上》）他强调人性善，旨在为孔子仁学直接提供理论根据：既然承认群体共识是仁，就必须设定人性善。因为只有善良的人才能与一群同样善良的人结成社会群体；而没有善性可言的狗，只能充当人的宠物，永远也不可能融入人类社会。

在孟子看来，首先，必须认定君主具有善性；他出于善念，才能实行仁政。其次，必须认定臣民也具有善性；他们出于善性，才能接受仁政。双方都出于善念，找到共识，方能组建大一统社会。由此可见，性善具有普遍性、正当性和必要性。对于君主来说，认同性善并不是什么难事，就像为老年人折树枝一样容易，那么"治天下可运之掌上"。孟子所说的"天下"，就是在中国建立统一的大社会。人性善被他说成强大的精神力量，锐不可当。民众出于善性，凭借手中的木棒，就可以击败敌人的坚甲利兵。

至于为什么说人性善，乃是一道世界性难题，迄今为止还没有大家一致认同的说法。大多数民族都在神那里找原因，孟子没有采取这种思路。他断言人性善乃为人自身所固有，与生俱来。具体地说，性善来自良知或良能。"人之所不学而能者，其良能也；所不虑而知者，其良知也。"（《孟子·尽心上》）人性善就发端于此：由恻隐之心形成仁的观念，由羞恶之心形成义的观念，由恭敬之心形成礼的观念，由是非之心形成智的观念。他的结论是："仁义礼智，非由外铄我也，我固有之也。"（《孟子·告子上》）孟子认为，人禽之别就在这里。"人之所以异于禽兽者几希，庶民去之，君子存之。"(《孟子·离娄下》) 在他眼里，只有君子才具备善性，至于庶人，只能算作衣冠禽兽或半人半兽而已。孟子早已把庶人开除在人籍之外，表明性善论只代表一种理想境界，只代表一种正面价值。其适用范围仅限于君子，不包括庶人。那些失去善性的庶人，绝非性善本身所致，因而也不能因庶人的存在而推翻人性善的论断。他辩解说：山的本性应该是郁郁葱葱的，可是牛山变得光秃秃的，乃是牛羊啃噬所致，能怪山性吗？同样道理，庶人失落善性，乃是放纵物欲所致，同人性善有什么关系呢？

孟子还试图从形而上的角度论证性善。孟子预设了义理之天，认为人性善来自天性善。就性善来说，天人合一：尽量扩充与生俱来的善心，便可看透人性；了解至善的人性，就等于了解至善的天性。这就叫作"尽其心者，知其性也；知其性，则知天矣"(《孟子·尽心上》)。人体现天性，可谓有"天爵"；拥有特定身份，可谓有"人爵"。"仁义忠信，乐善不倦，此天爵也；公卿大夫，此人爵也。古之人修其天爵，而人爵从之。今之人修其天爵，以要人爵；既得人爵，而弃其天爵，则惑之甚者也，终亦必亡而已矣。"(《孟子·告子上》) 他认为，人的价值不在于人爵，而在于天爵。天爵与人爵并无必然联系，社会上的小人物也可成为精神领域的大丈夫。

世界上大多数民族都预设至善的神，而人则免不了劣根性，必须由神来拯救。他们选择的是外在超越的路向。孟子坚信人性善，不啻承认人有自我完善的可能性，并不需要神来拯救。他选择了内在超越的路向。或许由于这个原因，中国人的宗教意识比较淡薄。尽管孟子的论证在理论上不够周延，但是在中国历史上产生了重要影响。第一，它有助于与人为善人格的养成。在性善论的引导下，大多数中国人相信，天底下还是善人多，乐于做个性善的君子，乐于同他人交往，乐于结成和谐的群体。这无形中形成强大的向心力和凝聚力，的确有助于中华民族的形成。第二，它有助于责任感的提升。在性善论的引导下，大多数中国人"以天下为己任"，乐于为群体作贡献。尤其在民族危亡时期，"天下兴亡，匹夫有责"往往化为爱国志士的行动。第三，它有助于自律意识的培育。在官场中，由性善论衍生出一句话："当官不为民做主，不如回家卖红薯。"多少个两袖清风的清官，多少个宁折不弯的强项令，都把孟子"富贵不能淫，贫贱不能移，威武不能屈"的名句奉为座右铭，以"大丈夫"精神激励自己。

荀子不认同孟子关于人性善的先天论证，因为找不到人性先天就善的证据。他也不同意孟子关于人性善的形上论证，因为不能证明义理之天的存在。事实上，人所面对的世界，只有一个自然之天；而自然之天在价值上是中立的，不能证明人性善。他说："天行有常，不为尧存，不为桀亡。"（《荀子·天论》）

荀子不认同孟子笼统地说人性善,但不否认人性确有善的一面。人性善的一面主要体现在"人为贵"上。用现在的话说,就是人在宇宙中间最有价值。荀子说:"水火有气而无生,草木有生而无知,禽兽有知而无义。人有气、有生、有知,亦且有义,故最为天下贵。"(《荀子·王制》)在万物之中,任何一物都不能与人类相比。"人为贵"的奥秘在于"人能群"。小小的一个人,凭什么可以乘牛驭马?凭的就是群体的力量。人为什么能结成群体?靠的就是一套群体共识,荀子叫作礼义。由此可见,人不再是自然的存在,而是文化的存在。凭借于此,人就能"胜物",就能成为天地之间的最强者。尽管荀子没用"善"这个字眼,但他承认人性有善的一面。以善为共识,人就可以结为群体;否则,不可能结为群体。他完全认同孔子仁学,完全认同儒家的群体共识理论。荀子认定"人为贵""人能群",唱出人的赞美曲,肯定人有善的方面,但这只是人性的一种取向。从另一方面说,总有些人拒斥群体共识的约束,流向于恶。他的确说过:"人之性恶,其善者伪也"(《荀子·性恶》),他的确写出《性恶》篇,但不能武断地把他归结为"性恶论者"。因为在荀子眼里,大多数人都拥护群体共识,并不是恶人;只有少数拒斥群体共识约束的人,才是恶人。显然,"人之性恶"是个特称判断,不是全称判断。"人之性恶"还是假言判断。意思是说,假如有人拒斥群体共识约束的话,就会流于恶。由此可见,把荀子归结为"性恶论者",根本与事实不符。同孟子一样,他承认善可以成为人们的共识,而恶不能。荀子指责某些人有恶的取向,不否认大多数人有善的取向。善可以成为群体共识,恶却不能。衡量恶,必须以善为尺度,否则,恶从何谈起?荀子只是说有些人趋于恶,怎能笼统地给他戴上"性恶论者"的帽子呢?倘若抱着性恶论不放的话,就等于抱着与人为敌的心态;这样的人,还能同他人结成群体吗?如果真的如此,荀子还能称为儒者吗?

在荀子看来,人性是复杂的。与其说人性善,毋宁说人性朴。他说:"性者,本始材朴也;伪者,文理隆盛也。无性,则伪之无所加;无伪,则性不能自美。"(《荀子·礼论》)"朴"在价值上是中立的,既可以有善的取向,也可以有恶的取向。"朴"犹如一张白纸,可以信手涂鸦,把白纸变成废纸;也可以画出最美的图画,供大家欣赏。人性有变化,有两种可能:既可以为善,也可以为恶。既然人性有两种可能性,那么,对治人性的办法,自然就不能只是一手,而必须是两手:既要鼓励人主动地为善,又要设法使人被动地不为恶。前者叫作王道,后者叫作霸道。荀子主张"隆礼尊贤而王,重法爱民而霸"(《荀子·大略》)。他设计出两手政策,实际上是为后世皇帝取法。汉宣帝说:"汉家自有制度,本以霸王道杂之。"(《汉书·元帝纪》)岂止汉家?哪个朝代的皇帝不是如此?难怪鲁迅先生会发出"两兄弟"之慨。正是由于荀子有两手设计,儒家才享有"以儒治国"的荣耀。

孟子主张人性善，直接同孔子仁学相联系。仁本来就有善的意思，由仁到善，顺理成章，故而孔孟连称，二人的学说被后世统称为孔孟之道。荀子主张人性朴，间接同孔子仁学相联系，虽未享有孔荀连称的荣耀，但也是儒学不可或缺的环节。二人的基本观点，其实都是对仁学的论证，并非势不两立。孔子是他们共同的先师。孟子表示，"乃所愿，则学孔子"；荀子盛赞孔子"仁知且不蔽"。二人都认同仁学，只是侧重点不同而已。孟子从理想性出发，强调人性善，但不否认在现实中人有善有恶；荀子从现实性出发，强调现实中有些人性恶，但不否认理想的圣人至善。二人的基本观点，大同小异，实在没有争论的必要。

三、三纲五常

关于群体共识，儒家大致有两种表述。第一种表述出现在中国大一统社会建立之前，就是孔子建构的仁学，孟子和荀子提供有力证明；第二种表述则出现在中国建立大一统社会之后，就是西汉大儒董仲舒建构的三纲五常说。前一种表述带有民间色彩，仅仅是一家之言；后一种表述则具官方意味，在相当长时期内为大多数中国人所认同。

在先秦百家争鸣中，最后的胜利者既不是儒家，也不是道家，而是法家。秦始皇依据法家理论，完成统一中国的大任。法家虽胜利,旋即失败。秦王朝二世而亡,宣告法家理论破产。一味诉诸工具理性的法家,把他人当成工具,完全放逐价值理性的关切,主张苛刑峻法、以吏为师,结果导致民怨沸腾,国无宁日,致使偌大的秦王朝十几年就垮台了。它能帮助秦国打天下,却不能帮助秦朝坐天下。西汉再次建立大一统王朝之后,接受秦亡的教训,在意识形态领域引入价值理性因素,重建群体共识,以求长治久安。西汉皇帝起初寄希望于道家,采纳黄老之学,实践证明,效果并不好。一些诸侯王常常以"无为而治"为口实,要求皇帝无为,自己却为所欲为。汉武帝刘彻当上皇帝之后,觉得必须改弦更张。这就为儒家发皇迎来了机会。汉武帝采纳董仲舒的建议,实行"罢黜百家,独尊儒术",终于使儒家从一家之言,上升到官方哲学的高度。

董仲舒认为,秦亡的教训在于没有找到君民之间的共同点,无法缓冲二者之间的尖锐对立,君主得不到民众的拥护。他认为,君民之间的共同点就是天。无论皇帝,还是万民,大家同在一片蓝天之下,应当结为共同体。

董仲舒采取拟人化的方法,论证人天的同构性。他把天说成放大了的人,把人说成缩小了的天。在他看来,天人同类,叫作"人副天数"、天人感应。例如,天有春夏秋冬四时,人有四肢;天有三百六十日,人有三百六十块骨头;等等。天是所有人的祖先,犹如曾祖父一样;每个人都是天的后裔,其中也包括皇帝在内。西汉人喜欢称皇帝为天子，即天的儿子。董仲舒不否认皇权的合法性，大概认为皇帝是嫡出的长子，拥有"与天共持变化之势"（《春秋繁露·王道通三》）的权力；而万民或许是庶出的庶子，注定该接受皇帝的统治。在秦朝，皇帝是老大，无法无天，为所欲为；在西汉，皇帝不再是老大，有法有天，必须看天的脸色行事。皇帝做了该做的事，天会降下福瑞，以示奖赏；皇帝做了不该做的事，天会加以"谴告"，甚至降下灾难，以示惩罚。董仲舒以天为纽带，把皇帝与万民紧紧联系起来，缓解了二者之间的紧张关系，重申了"四海之内，皆兄弟也"的儒者情怀。可是，天毕竟是虚幻的，没有实际的约束力，况且董仲舒已赋予了皇权合法性。历代皇帝倒是乐于接受他的天人理论。每逢遇到天灾，皇帝通常会下一道"罪己诏"，敷衍了事。

按照董仲舒的逻辑，既然人天构成共同体，那就该有个共识。这个共识就是三纲五常。所谓三纲，是指君为臣纲、父为子纲、夫为妻纲，乃是对天而言。他说："王道之三纲，可求于天。"（《春秋繁露·基义》）三纲观念是从天在人上、天为人纲的观念中演绎出来的，要求一方绝对服从另一方。所谓五常，专对人言说，乃是对孔子仁学的拓展。董仲舒在孟子"仁义礼智"四端说的基础上，又从《论语》中找出一个"信"字，遂使儒家的伦理规范体系更为完备。他说："夫仁、谊、礼、智、信，五常之道，王者所当修饬也。"（《贤良对策》）由于时代的变迁，三纲已沾满专制主义灰尘,不适应现代社会,一个也不能要;至于五常,由于道出任何社会必须遵循的群体组织学原理,即便在今天,一个也不能少。

四、天人同体

关于儒家群体共识的内涵,宋明理学家没有添加新内容。他们的理解基本没有超出董仲舒,仍然认同三纲五常说。"仁者以天地万物为一体"是他们的共同向往。他们试图以各自本体论支撑儒家的群体共识理论。在他们之前,儒家学者虽有本体意识,但未建构本体论学说。宋明理学家必须补上这一环,方能与佛道二教抗衡。宋明理学家不再把儒家群体共识建立在天上面,而是建立在本体上面。张载建构气本体论,证明儒家群体共识的真实性;程朱建构理本体论,强调恪守儒家群体共识的自觉性;陆王建构心本体论,强调恪守儒家群体共识的自愿性。

佛教认为世界不是一个,而是两个。一个叫此岸,即人生活于其中的世界。这个世界是虚假的,没有本体可言,也没有价值可言。另一个叫彼岸,即佛存在于其中的世界。那个世界才是本体之所在,才是价值追求终结目标之所在。张载率先推翻了佛教的世界观,建构起儒家的本体论学说。他的本体论学说以气为核心观念。他不赞成佛教两个世界的说法,坚信世界只有一个,就是人生活于其中的现实世界。现实世界是真实的，绝不是虚假的。佛教"以山河大地为见病"之说，毫无道理。现实世界的真实性由气来担保。他说："太虚即气，则无'无'。"[1] 气的本然状态叫太虚，气的实然状态就是天地万物。前者不可见，张载叫作"幽"；后者可见，张载叫作"明"。无论是"幽"，还是"明"，气都是实存的。世界的统一性就在于气。气凝聚起来，表现为万物；气发散开来，则归于太虚。万物与太虚相互转化，犹如水结成冰、冰化为水一样。他说："太虚无形，气之本体。其聚其散，变化之客形尔。"[2] 他强调气的绝对性、无限性、本体性、永恒性，重新回到"一个世界"的世界观。

张载以气本体论证明存在世界的真实性，也就证明了儒家群体共识的真实性，为高扬入世取向的儒家提供了哲学依据。尽管张载本人认同儒家群体共识，还立下"为天地立心，为生民立命，为往圣继绝学，为万世开太平"的宏愿，无奈气同儒家群体共识并无直接联系。气在价值上是中性的，既无所谓善，也无所谓恶。张载可以证明儒家群体共识理论的真实性，却不能证明其可行性。为了维护儒家群体共识理论，程朱另辟蹊径，把目光转向了理。他们以天理为本体论范畴，提出新的看法。天理同气不同。

---

[1]（宋）张载：《张载集》，北京：中华书局，1978年版，第7页。
[2]（宋）张载：《张载集》，第8页。

它既关涉存在界,也关涉价值界;既可解释存在界的"必然",也可解释价值界的"当然"。天理有"应该"的意思,可直接从中引申出儒家的群体共识。二程说:"吾学虽有所受,天理二字却是自家体贴出来。"[1]朱熹进一步论证说:"未有天地之先,毕竟也只是理。"(《朱子语类》卷一)又说:"宇宙之间,一理而已。天得之而为天,地得之而为地,而凡生于天地之间者,又各得之以为性。"(《朱文公文集》卷七十)据此,朱熹把三纲五常看成天理在人身上的具体表现,声称:"君臣父子,定位不易,事之常也。"(《朱文公文集》卷十四)他的结论是:"三纲五常终变不得。"(《朱子语类》卷二十四)

程朱的理本体论可以说明恪守儒家群体共识的自觉性,却不能说明恪守儒家群体共识的自愿性。因为只有在价值世界中,才有主体性可言,才谈得上自愿。程朱放不开存在世界,虽涉猎价值世界,讲主体性还是不到位,自然不能说明恪守儒家群体共识的自愿性。在程朱那里,群体共识还只是对于天理的被动自觉,并不是出于人心的主动自愿。陆王则把存在世界搁置起来,专注于价值世界,专注于本心或良知。陆王以心为核心范畴,发展了宋明理学中的第三支学脉,即陆王心学。陆九渊说:"宇宙便是吾心,

---

[1] (宋)程颢、程颐著,王孝鱼点校:《二程集》,北京:中华书局,1981年版,第424页。

吾心即是宇宙。千万世之前，有圣人出焉，同此心同此理也；千万世之后，有圣人出焉，同此心同此理也；东南西北海有圣人出焉，同此心同此理也。"[1]他说这些话，如果放到存在世界，无疑是说不通的；唯有放到价值世界中，才会有意义。他无非想说明：在价值世界中，任何判断都与主体有关；离开主体，价值判断不可设想。王阳明把核心范畴由本心换成良知，更加凸显价值意味。"良"或"不良"，都属于价值判断，同存在世界无关。他只关注价值世界，而搁置存在世界。即便谈到存在世界，他也不置可否。他在同友人的谈话中说，花在山中自开自落，人们没看到花时，人心与此花"同归于寂"；看到此花时，便"明白起来"。"寂"并未否认花的存在，只是说花对于人没有意义；花之美是人赋予的，离开了人，无所谓美。他说："吾心之良知，即所谓天理也。致吾心良知之天理于事事物物，则事事物物皆得其理也。"（《传习录》中）他认为，在价值世界中做出任何价值判断，都出自主体自愿的选择，内在的良知都该负责任。人们出于主动自愿，服膺儒家群体共识，不再是被动的自觉。

讲到王阳明这里，儒学终于走出殿堂，走进民间，实现了"以儒治国、以儒治身、以儒治心"的大目标。经过

---

[1]（宋）陆九渊著，钟哲点校：《陆九渊集》，北京：中华书局，1980年版，第388页。

宋明理学家重新解释的儒学，足以治国，"视天下如一家"，促成人与人之间的和谐；足以治身，"绿满窗前草不除"，促成人与自然之间的和谐；足以治心，确立以圣人为楷模的价值取向。按照宋明理学家的说法，做圣人最好，不必企慕成佛，不必企慕成仙。要想成为圣人，在这辈子就可以完成，不必期待来世。做圣人同才能大小无关。王阳明指出，一个人的才能好比是金子的分量，而德行好比是成色。成为圣人讲究的是成色，而不是分量。成为圣人不受社会地位的限制，小人物也可以成为圣人。他盛称，"满街都是圣人"。成为圣人也不受名额的限制，同功利无关，任何人都可以选择圣人取向。成为圣人只为求得心理安慰，并不以科举为意。自愿听理学家王艮讲儒学的人，有许多人是文盲，不想混个一官半职。王艮告诫自己的家人，谁也不要涉足科场。从宋明理学家开始，儒学不但可以为帝王师，还可以为大众法。儒学终于再次成为意识形态的主流，超过了佛道两家。能够给皇帝讲学的人，除了理学家之外，再也看不见僧侣和道士了。

讲到宋明理学这里，算是把儒家维系群体共识理论讲透彻了，同时，其弱项也暴露出来了：对"内圣"关注多，对"外王"关注少；对德关注多，对才关注少；对价值理性关注多，对工具理性关注少；对"成为人"关注多，对"成为某种有专长的人"关注少。有人赋诗讥讽他们说："平时袖手谈心性，临危一死报君王。"一群文弱的书生，怎抵得住来自北方的虎狼之兵？用关于人的全面发展的观点来衡量，这种理论显然有差距。对于现代人来说，不但要有德，还得有才。对于儒家的群体共识理论，我们需要继承，也需要超越。这种理论同今天所说的爱国观念息息相通，对于社会主义精神文明建设来说，是一种宝贵资源，值得认真去研究。

〔见《河北大学学报（哲学社会科学版）》2022年第4期，《新华文摘》2023年第2期全文转载。〕

道家学派的个体性观照

在社会组织理论中，个体和群体关系可谓是绕不开的基本问题。人们对二者之间关系的认识有一个过程，不可能一下子将二者统一起来，难免出现畸重畸轻的情况。相对来说，儒家比较注重群体性原则，道家学派比较注重个体性原则。儒道两家都是中国传统文化的重要组成部分，对中国人的精神世界皆产生了不可替代的影响。笔者在《儒家群体共识理论的养成》一文中，梳理了儒家群体共识理论的来龙去脉，觉得也有必要梳理一下道家学派个体性理论的来龙去脉。

一、老庄：自然个体性

在先秦时期，诸家蜂起，其中儒道两家堪称翘楚。那时，两家均属于一家之言，均未成为官方哲学。两家在许多问题上有分歧，但有一点却是共识：皆认为他们所面临的时代是一个乱世。那么，如何拯救乱世、转向治世呢？

儒家给出的药方是强化群体性，把群体性变成所有人的共识，进而结成广泛的共同体。在这个共同体中，人人相亲相爱，以仁爱为纽带，皆以兄弟相待。用《论语》中的话说，叫作"四海之内，皆兄弟也"。有"兄弟"作群体性担保，就可以再现"礼乐征伐自天子出"的盛景，再现"天下为公"的大同之世了。对于儒家彰显群体性的主张，先秦道家不以为然。他们给出的药方，不是彰显群体性，而是彰显个体性。先秦道家对"天下大乱"所作的人性论分析，不是立足于人的群体性，而是立足于人的个体性。先秦道家认为，正是有人打着群体的幌子，干残害个体的勾当，才致使社会动乱。对于群体性的异化现象，先秦道家表示深恶痛绝，遂唱起个体性的赞歌。老子用诗的语言，阐述了他对自然个体性的认识，从而成为道家学派的开山鼻祖。在他看来，人们之间的关系，与其说是"兄弟"，毋宁说是"婴儿"。"含德之厚，比于赤子。"（《老子》第五十五章）在《道德经》中，"婴儿""赤子"之类的语词频频出现，以"婴儿"或"赤子"表征自然个体性。老子指出，任何人来到世界上，最初都是婴儿。婴儿的可贵之处，在于葆有本真。先秦道家以婴儿为底色，构想出道家式的理想人格，也就是老庄心目中的圣人。

第一，圣人不事交往。每个人刚出生的时候，"如婴儿之未孩（通咳，指小儿笑声）"（《老子》第二十章），他怎么可能同另一个婴儿称兄道弟呢？任何一个婴儿都是天生的、自足的自然个体。至于交往，那是成年人的事，与婴儿无涉。婴儿这种本真品格，正是圣人的追求。圣人想哭就哭，想笑就笑，绝不弄虚作假、自欺欺人。庄子盛赞圣人的本真品格："真者精诚之至也，不精不诚，不能动人。故强哭者，虽悲不哀；强怒者，虽严不威；强亲者，虽笑不和。真悲，无声而哀；真怒，未发而威；真亲，未笑而和。真在内者，神动于外，是所以贵真也。"（《庄子·渔父》）在老庄眼里，圣人才是性情中人。他该哭就哭，该笑就笑，该怒就怒，该爱就爱，该恨就恨，率性而为，与人坦诚相待，毫不掩饰自己。先秦道家鄙视那些戴着假面具、欺世惑众的人。

第二，"圣人为腹不为目"（《老子》第十二章）。老子认为，有两种人生态度：一种是"为目"，即为眼睛着想，讲究面子，指的是儒家推崇的圣人；一种是"为腹"，即为肚子着想，不看重面子，而看重里子，讲究实惠，指的是道家推崇的圣人。道家式的圣人作为活生生的存在，当然有需求；不过需求极其有限。圣人的生活方式如同婴儿一样简单，有妈妈的奶水吃就够了，绝不羡慕大鱼大肉、山珍海味。至于穿什么，暖和就行，绝不羡慕绫罗绸缎、奇装异服。庄子打比方，圣人像小小的鹪鹩一样，在茫茫森林里只栖于一枝，对整个森林不会造成伤害；圣人像小小的鼹鼠一样，在浩瀚的长河中只饮用微不足道的一丁点儿水，对长河不会有什么影响。老子主张少私寡欲，只满足生活最低限度的需求。倘若人人"为腹",需求极其有限,绝不会造成相互争夺的局面。任何争夺其实都是"为目"惹的祸。在"为目"的导引下,欲壑难填,吃一,看二,想三、四,势必争夺不止。老子反对私欲膨胀,告诫人们"五色令人目盲,五音令人耳聋,五味令人口爽,驰骋畋猎令人心发狂,难得之货令人行妨"(《老子》第十二章)。《吕氏春秋·本生》写道:"靡曼皓齿,郑卫之音,务以自乐,命之曰伐性之斧。"先秦道家反对放纵私欲,认为那是对人性的戕害。不过,他们并不像宋明理学家那样,主张"灭人欲"。他们认为,"节欲"就足够了,不必灭之。

第三,圣人不尚仁。儒家总希望用仁作纽带,把人们联络成群体;用礼义作规则,把人们组织成社会。老子对此表示反对。他不提倡仁爱礼义,认为这些东西都是乱世的产物。"故失道而后德,失德而后仁,失仁而后义,失义而后礼。夫礼者,忠信之薄而乱之首。"(《老子》第三十八章)老子主张取法天地,"天地不仁,以万物为刍狗,圣人不仁,以百姓为刍狗"(《老子》第五章)。天地对于草扎成的刍狗,没有仁爱可讲;同样,圣人对于百姓,也没有仁爱可讲。庄子也反对儒家的仁礼之教,认为这不过是诱使人们就范的手段而已。不但儒家式圣人懂得,就连强盗头子也会运用。强盗头子首先得确定掠夺的对象,这就是"智";抢劫时强盗头子冲锋在前,这就是"勇";抢劫后强盗头子坐地分赃,论功行赏,这就是"仁"。儒家津津乐道的"三达德",强盗头子一样也不少。可见,"圣人不死,大盗不止"(《庄子·胠箧》)。庄子感到滑稽的是:如果有人偷了一件小物件,大家骂他是贼;如果他把一个国家连同治理国家的仁和礼都抢来了,大家反而会恭维他是君王。比如,田氏取得了姜姓的齐国,就是如此。

第四,圣人不尚贤。儒家除了主张尚仁之外,还主张尚贤,呼吁贤人出来做社会领袖。孟子说:"尊贤使能,俊杰在位,则天下之士皆悦,而愿立于其朝矣。"(《孟子·公孙丑上》)老子对此颇有异议。他的看法刚好与儒家相反:"不尚贤,使民不争;不贵难得之货,使民不为盗;不见可欲,使民心不乱。"(《老子》第三章)庄子认为,人不像儒家说的那么高贵,而只不过是万物中一物而已。如果刻意追求成为人,就好像冶金炉金属一样。"今大冶铸金,金踊跃曰:'我且必为镆铘!'大冶必以为不祥之金。今一犯人之形,而曰:'人耳!人耳!'夫造化者必以为不祥之人。"(《庄子·大宗师》)在老庄看来,每个人在造化面前都是平等的,无所谓贤与不贤。

第五,圣人为我不为天下。儒家古道热肠,心系天下,向往"天下有道"的治世;先秦道家反是。老庄不主张关心天下,冷对群体性,更尊重自然个体性。老子的五千言是以第一人称写出来的,几乎不谈如何一统天下之类的宏大话题。在老子的著作里,经常出现"我"字。如"俗人昭昭,我独昏昏"(《老子》第二十章)、"我有三宝,持而保之"(《老子》第六十七章)等等。老子我行我素,绝不随波逐流。庄子也把"天下"放逐在视野之外,只看重自然个体性。他指出,在不懂尊重自然个体性这一点上,小人、士、大夫、儒家式圣人都是一样的:"小人则以身殉利,士则以身殉名,大夫则以身殉家,圣人则以身殉天下。"(《庄子·骈拇》)由此可见,大可不必总把"天下"挂在嘴边,更不能为"天下"牺牲自然个体性。楚王听说庄子有才干,打算让他出任楚相,遂派使者携重金拜访。庄子对使者说:请拿走重金,我也不稀罕什么高位;我宁愿像小鱼一样,在泥水中游荡。先秦道家甘当隐士,不求闻达,不与当权者合作,不到朝廷里做官。杨朱比庄子还极端,"杨子取为我,拔一毛而利天下,不为也"(《孟子·尽心上》)。杨朱的理由是:一毛虽小,毕竟是自己的;天下虽大,与我何干?先秦道家虽不关心群体性,但也不敌视群体性。庄子以鱼群为喻,主张用个体性眼光看待群体性。他指出,在即将干涸的车辙沟里两条鱼"相濡以沫",一副相亲相爱的样子,结局必然是死亡;还不如把它们都放进江湖,让其自由自在地游来游去,谁也不干涉谁,岂不更有诗意?"相忘于江湖"正是先秦道家向往的和谐。我们今天讲究和平共处五项原则,大概是吸收了先秦道家的智慧。

  先秦道家以婴儿为底色,还构想出道家式的理想社会。老子心目中的理想社会是"小国寡民":"小国寡民,使有什伯之器而不用，使民重死而不远徙；虽有舟舆，无所乘之；虽有甲兵，无所陈之。使人复结绳而用之。甘其食，美其服，安其居，乐其俗。邻国相望，鸡犬之声相闻，民至老死，不相往来。"（《老子》第八十章）在这种社会中，自然个体性受到尊重，群体性也不受伤害，人们之间和谐相处，没有战争，社会富裕，和平安宁，不相往来，这才是真正的天下大治。庄子比老子走得更远，向往至德之世："夫至德之世，同与禽兽居，族与万物并，恶乎知君子小人哉？""夫赫胥氏之时，民居不知所为，行不知所之，含哺而熙，鼓腹而游，民能以此矣。"（《庄子·马蹄》）在这种社会中，没有君子小人之分，不但人与人和平共处、相安无事，而且人与动物也和平共处、相安无事。

先秦道家阐述的自然个体性，尽管充满了诗意，但是否具有可行性，却令人生疑。要知道，婴儿自己并没有生存能力，必须接受他人的照料。从这个意义说，荀子批评老子"蔽于天而不知人"是中肯的。先秦道家的确只知道自然意义上的人，未展开论及社会意义上的人。倘若离开群体，单独的个体怎么可能存在下去呢？

二、黄老：政治个体性

在汉初，道家学派一度在政治哲学领域中占主导地位。汉初道家称作黄老之学，其目光由自然个体性转向政治个体性,可视为道家学派的第二期发展。

秦王朝二世而亡,汉朝建立,再次建立"大一统"王朝。汉初皇帝已经意识到,秦王朝厉行法家"苛刑峻法"政策,结果造成上下尖锐对立,导致迅速灭亡的下场。换句话说,法家政治哲学在汉初皇帝眼里已经出局了,必须另辟蹊径。汉初皇帝的目光转向法家之外另外两家,即儒家和道家。刘邦是第一个出面祭孔的皇帝,他以太牢之礼祭祀孔子。他对道家也很感兴趣,"约法三章"明显带有道家无为色彩。鉴于汉朝初建,国力尚未恢复,汉初皇帝还是没有选中儒家,而是选中了道家。被汉初皇帝选中的道家,并非老庄之学,而是汉初人自创的黄老之学。所谓"黄",即黄帝轩辕,是一位虚构出来的贤明君主;所谓"老",即老子,指道家的开山鼻祖。"黄老"是汉初对道家的称谓。黄老之学以道家学说为主,也渗入儒家和法家的思想成分。司马迁编写《史记》,采用了黄老并称的提法。黄老之学的出现标志着道家第一次进入政治领域,变成当时具有指导意义的官方政治哲学。这种哲学的宗旨就是"无为而治"。

"无为而治"一语出自孔子之口,老子没说过这句话。孔子说:"无为而治者,其舜也与。夫何为哉,恭己正南面而已矣。"(《论语·卫灵公》)意思是说,大舜等圣人治理天下,靠道德感化和个人魅力就足够了,何必还干别的什么事情呢?这种观点倒同孔子的德政思想是一致的。老子并没有说过"无为而治",但可以引申出这种意思。例如,他说:"是以圣人之治,虚其心,实其腹,弱其志,强其骨,常使民无知无欲,使夫知者不敢为。为无为,则无不治。"(《老子》第三章)老子所说的"治",是"治理"的意思,不是"治国"的意思。"无为者"是个泛称,可以指任何人,并非专为帝王出谋划策者。任何人都可以用"无为"做手段,取得"无不治"的效果。无论孔子的说法,还是老子的看法,其实都是一家之言而已,并没有变成国策。在诸侯纷争、战事频繁的春秋战国时代,诸侯们认定道理是靠拳头说话,不可能采纳"无为而治"之类的主张。所谓"无为而治",只是学者的空议论而已,没有哪个诸侯会付诸实施。

真正提出"无为而治"策略并使之变成帝王政治实践的学派,当属黄老之学。1973年在马王堆发现了黄老学派的著作《经法》等帛书,证明汉初黄老之学确实十分流行。陆贾向皇帝建言:"君子之为治也,块然若无事,寂然若无声,官府若无吏,亭落若无民。闾里不讼于巷,老幼不愁于庭。近者无所议,远者无所听。邮无夜行之卒,乡无夜召之征。犬不夜吠,鸡不夜鸣。耆老甘味于堂,丁男耕耘于野;在朝者忠于君,在家者孝于亲。"(《新语·至德第八》)在陆贾那里,"无为者"不再是泛称,而是特指皇帝及各级官员;"被治者"就是普通民众,不再是老庄口中的自然个体,而已变成皇帝治下的政治个体。所谓"无为而治"，就是谋求与民休息，尽量少地推出扰民举措，让每个政治个体都有一定的发展空间，争取早日恢复国家的综合实力。

汉初皇帝接受黄老之学，采取"无为而治"国策，实出于无奈之举。由于连年征战，国力消耗殆尽，国家财政困难到了极点，再也折腾不起了。史料记载，由于财力不足，就连皇帝都找不到四匹同样颜色的马来拉车，王侯将相或乘牛车。匈奴屡屡来犯，朝廷没有能力反抗，只好行"和亲"之策，暂时缓解边患。"无为而治"符合当时国情，故而受到上下各方面的欢迎。汉初的几位皇帝都信奉黄老之学，窦太后尤甚。儒生辕固对黄老之学有微词，竟被她投入兽圈，险些丧了性命。

"无为而治"国策主要包括三项内容。一是重农。朝廷实行减轻徭赋的政策，尽量不加重农民的负担，大力发展农业生产。二是抑商。朝廷规定不许商人乘轿子，不许商人出任官吏，不鼓励人们从事商业活动。三是节俭。朝廷不鼓励奢靡之风，提倡节俭风气。皇帝带头遵守节俭规定，平时只穿粗布衣服，不穿绫罗绸缎。就连皇帝使用的床，也没有雕刻花纹装饰。宰相曹参可谓厉行"无为而治"的楷模。他身为宰相，却一向以无事为贵，对待下属甚为宽厚。他遇上事情总是按照萧何制定的规矩处理，绝不别出心裁。史书上称之为"萧规曹随"。

由于实行"无为而治"国策，汉初用了几十年的时间，使综合国力得到大幅度提升,造就了有名的"文景之治"。据司马迁在《史记》中记载,汉初政治安定,国库充盈。朝廷收缴上来的钱,朽断了穿钱的绳子,以至于铜钱撒落满地;收缴上来的粮食,陈陈相因,以至于腐败不可食。但"无为而治"也带来负面效应,就是形成"尾大不掉"的局面。一些地方诸侯借口"无为而治",不服从皇帝的管束,屡屡举兵造反。他们要求朝廷无为,自己却胡作非为。朝廷疲于奔命,忙于平叛,实在没法再"无为"下去了,必须改弦更张。从汉武帝刘彻开始,遂放弃"无为而治"国策,代之以励精图治、奋发有为,采纳"罢黜百家,独尊儒术"为国策。至此,黄老之学终于退出政治舞台。儒家开始执牛耳,上升到官方哲学的地位。

三、玄学:生存个体性

东汉末年,儒家在政治哲学领域中逐渐衰微,道家学派获得再次崛起的机会。魏晋玄学出现在思想舞台上,扩大了道家学派的影响力。有些玄学家十分重视生存个体性,可视为道家学派的第三期发展。

刘氏王朝没落以后,大一统局面被打破,中国历史进入诸国纷争、分裂割据、各自为政的时代。寄生于刘氏王朝、以维护群体性为宗旨的经学,也成了明日黄花,风头不再,渐渐失去笼络人心的效力。剧烈的时代变迁敲击着世人的心灵，呼唤新的理论出现。身处战乱频发的年代，人们不再关心群体如何维护的问题，而关心在乱世中个体如何生存的问题。魏晋玄学的出现，标志着道家学派再次兴起。有些学者把玄学称为"新道家"，也未尝没有道理。玄学家不再按官方定下的调子说话，只说自己想说的话，比经学家更具有哲学气质。他们把群体和个体的关系问题，归结为名教与自然的关系问题。围绕这个问题，玄学思潮大体上可以分为以下三种类型：

第一种类型是补台派，以三国魏早期的玄学家何晏、王弼为代表。 他们对儒家名教抱着同情的态度，试图用老子的自然个体性思想对名教作出本体论证明。他们认为，名教本身没有什么问题，只是经学家的讲法不对。经学家仰仗皇帝的权威，仰仗古人的权威，就名教论名教，只讲到"用"的层面，而没有讲到"体"的层面。随着刘氏王朝的垮台，名教必然走向末路。他们觉得自己有责任把名教从"用"上升到"体"，以挽救其危机。王弼认为，"体"就是老子所说的"自然"或"无"，抱定"名教出于自然"的宗旨。王弼对自然的理解是："自然者，无称之言，穷极之辞也。"（《老子》第二十五章注）"自然"或"无"都是从世界总体的角度把握本体。"自然为本"也就是"以无为本"。王弼说："天下之物，皆以有为生；有之为始，以无为本；将欲全有，必反于无也。"（《老子》第四十章注）"无"的范围涵盖一切，当然包含名教在内。圣人正是根据这一点,才"立名分以定尊卑",制定名教。由此可见,名教是末,"自然"才是本;"名教"本乎"自然",亦出于"自然"。王弼要求人们从哲学高度体认本体,借以提高个体恪守名教的自觉性。何晏和王弼从哲学本体的角度证明名教何以有用、何以永恒、何以必然,确实比经学家高明得多,也抽象得多。他们不再像经学家那样,仅从"用"的层面看问题,而是主张名教必须提升到"体"的高度。名教必须由自然来担保。他们已跳出经学的范围,力求用道家的话语来解释儒家的伦理观念。

可是何晏、王弼忽略了一点,老子讲的自然只是个体体验,未涉及群体。也就是说,从老子的自然论,引申不出群体共识。何晏、王弼希望从"自然"中引申出"名教"来,那只是一厢情愿,不可避免地会落空。在"名教出于自然"的提法中,隐含着道家高于儒家的意思。他们本来想"以道证儒",反而诱发了"儒不如道"的观点。这种观点进一步发展,便引导名教拆台派的出场。

第二种类型是拆台派,以嵇康、阮籍为代表。他们对名教持否决态度,主张"越名教而任自然",即抛弃儒家,皈依道家。他们生活在三国魏末期,不愿意与当权者合作。阮籍把名教比作裤裆里的虱子,使人不得安生。他们不再是王弼式的半儒半道的玄学家,而完全变成道家个体性的践行者。他们践行道家倡导的生活方式,张扬个性,特立独行,率性而为,追求超凡脱俗的境界。他们不愿受名教约束，而是放达任诞，蔑视权贵。有一次钟会去拜访嵇康。嵇康正在打铁，没有理睬他。过了一会儿，钟会离开要走，嵇康冒出一句："何所闻而来？何所见而去？"钟会说："闻所闻而来，见所见而去。"阮籍在为母亲服丧期间，依旧喝酒吃肉，不在乎别人的非议。当母亲灵柩起丧时，他居然扶棺痛哭，以至于吐血，足见其道家式的真诚。这些玄学家不愿到朝廷里做官，宁可在山林里逍遥。他们经常聚在一起，活动在现今的河南云台山一带，号称"竹林七贤"。他们嗜酒如命，把玄学之"玄"发挥到了极致。阮咸自己喝酒觉得不过瘾，竟然同一群猪共饮。刘伶喝醉了，把衣服脱光。有人进屋，他反问来者："我以天地为栋宇，屋室为裈衣，诸君何为入我裈中？"意思是：我以天地为房屋，以房间为衣裤，诸位怎么跑进我裤裆里来了？他们经常服用五石散，药力使身体发热，不能穿新衣服，于是改穿旧衣服，经常生虱子。他们对生虱子毫不在意，公然在大庭广众之下脱衣服，一边捉虱子，一边"扪虱而谈"。他们放达任诞，以不干事为荣，整天挥麈清谈。他们才华横溢，能文会画，精通音乐，经常挥毫泼墨，留下许多传世佳品。他们只知道高扬个体性，不把群体性放在眼里，处处把二者对立起来，借以显示名士风度。

拆台派蔑视名教，只任自然，引起当朝士大夫阶层的不满。折中派试图纠正拆台派，顺理成章地出场了。

折中派属第三种类型，以西晋初年的郭象为代表。 那时三国归晋，全国再次趋向统一。顺应这种情况，郭象提出"玄冥独化论"。"独化"二字是郭象从《庄子》一书中抽象出来的观念，表示他尊重个体性，承认每个个体都有独自变化的权利。例如，唇可以亡，齿可以寒。通常说"唇亡齿寒"，不符合道家之理，因为"唇亡"和"齿寒"是了不相关的两码事，不能用事物之间的关系解释独化现象。他认为，"玄冥之境"才是独化的总因，叫作"独化于玄冥之境"。"玄冥"有"说不清楚"的意思，但不可或缺。世界上一切事物都处在"玄冥之境"，"不可一日相无"。在郭象那里，"独化"是个体的表征，而"玄冥之境"则是群体的表征，意味着个体永远离不开群体。他由此得出"名教即自然"的结论，试图把二者加以折中。郭象认为，道家眼中的神人，就是儒家眼中的圣人。神人在精神境界上超脱，圣人在生活中认真，完全可以并行不悖："夫圣人虽在庙堂之上，然其心无异于山林之中，世岂识之哉？徒见其戴黄屋、佩玉玺，便谓足以缨绂其心矣；见其历山川、同民事，便谓足以憔悴其神矣。岂知至至者之不亏哉？"（《庄子·逍遥游》注）他把庄子的逍遥诉求同儒家的入世诉求等量齐观，发明了"精神逍遥"法。这种理论受到士大夫们的欢迎。一些从未到过山林的士大夫，也会写几句山水诗点缀门面。

讲到郭象这里，玄学其实已无"玄"可讲了。他已用群体性原则吞并个体性原则，使玄学变成了俗学。他不再鼓励人们"到山林去逍遥",反而鼓励人们"到朝廷里做官"。郭象玄学已不能满足人们寻求超越的精神需求,不得不让位于更为玄虚的学派,那就是佛教。

四、道教:宗教个体性

佛教传入中国以后,道教出现,形成儒释道三教鼎立的局面。道教充分利用道家留下的思想材料,讲究宗教个体性,可视为道教学派的第四期发展。

有些学者把道教的源头追溯到远古神话传说,对此笔者不敢苟同。诚然,道教利用了神话传说里的材料,但这并不是道教形成的主要原因。道教不是自发地从神话传说中发展起来的,而是佛教传入中国后的产物。佛教传入才是道教产生的主要原因。倘若没有佛教传入,道教的出现则是不可想象的事情。有些学者提出"道教中国化"的诉求,对此笔者也不敢苟同。道教与佛教、基督教、伊斯兰教等世界三大宗教相比,并不是世界性宗教,而是土生土长的宗教,并不存在所谓"中国化"的问题。笔者认为,所谓"道教中国化",是一个说不通的伪命题。道教所依据的思想材料大部分来自道家,但是道教的讲法不属于哲学,而属于宗教。按照恩格斯的观点,道教也使"人间的力量采用了超人间的力量的形式"。[1] 道教在宗教范围内，尽力维护个体性原则。这正是道教的特点之所在。从"道教"这个称谓反映出，它仍为道家学派成员，只是采取了宗教的论证方式而已。道教依旧沿袭了道家学派重视个体性的传统，可以说是该学派中的另类。

毋庸讳言，道教在某种程度上可以说是佛教的仿品。佛教区分彼岸和此岸，提出"两个世界"的世界观；道教也认同"两个世界"的世界观，区分为人间世界和神仙世界，并对神仙世界表示仰慕。佛教向往净土，以其为终极价值目标；道教向往成仙，以成仙为终极价值目标，讲究"快乐似神仙"。佛教是多神教，佛国拥有众多佛祖、菩萨、罗汉等等；道教也是多神教，除了虚构的神祇外，还把众多历史人物升华为神仙。佛教崇拜西方三圣，即释迦牟尼佛、阿弥陀佛和药师佛；道教也崇拜三圣，即太清真人、上清真人和玉清真人。佛教把许多典籍集结在一起，叫作"佛藏"；道教以老庄的著作为基础，也编辑了庞杂的典籍系统，叫作"三洞四辅"，又叫作"道藏"。在"道藏"中，《老子》改称《道德真经》，《庄子》改称《南华真经》。佛教有专门的神职场所，叫作寺庙；道教也有专门的神职场所，叫作道观。佛教有专门的神职人员，叫作和尚

---

[1]《马克思恩格斯选集》，北京：人民出版社，1995年版，第3卷，第667页。

或尼姑；道教也有专门的神职人员，叫作道士或道姑。在道教中，几乎处处都可以看到佛教的影子。

道教毕竟是土生土长的宗教，与佛教相比，具有鲜明的中国特色。二教最明显的不同在于，佛教走的是外在超越的宗教修行路线，而道教走的是内在超越的宗教修行路线。与佛教相比，道教的特色在于高扬个体性，而不是群体性。我们知道，佛教是以关注群体性著称的。大乘佛教颂赞普度众生、慈悲为怀的"菩萨"，瞧不起那些只顾自己解脱的"自了汉"。在这一点上，佛教倒是比较接近儒家，而不是道家。和尚通常穿一袭"不正色"（即非红、非黄、非白的颜色）的长衫，剃成光头，处处显得跟普通人不一样；道士穿一身或青或蓝的"正色"道袍，蓄长发，戴道冠，显得跟普通人没什么两样。尽管道家区分神仙世界和人间世界，但强调两个世界紧密联系在一起，以气相通。气有两个走向：如果顺着气的走向伸展，可通往人间世界；如果逆着气的走向伸展，就会通往神仙世界。元明之际道士张三丰赋诗一首，说明两个世界的相关性，他在《无根树·其四·言匹配阴阳》中写道："无根树，花正偏，离了阴阳道不全。金隔木，汞隔铅，孤阴寡阳各一边。世上阴阳男配女，生子生孙代代传。顺为凡，逆为仙，只在中间颠倒颠。"

道教寻找到的解脱路径，不是佛教倡导的那种关于群体性的觉悟，而是关于个体性的发现。那么，怎样改变气的走向，化凡人为神仙呢？道教给出的办法是个体的修行。最初，道教寻求解脱的办法是服用外丹，希望借用药力的帮助改变气的走向，以求成仙。这就是道教中的外丹派。后来人们发现，服用外丹容易中毒，遂转向内丹派。内丹派认为，人体好比一座丹炉，分为三丹田：上丹田为神舍，中丹田为气府，下丹田为精区。气和精提供妙药，神提供火。三者互相配合，就可以炼"药"成"丹"。这些程序皆在修行者体内进行，故称"内丹"。道教无论是外丹派，还是内丹派，都着眼于个体修行。道教相信个体的潜能，相信个体足以能够改变气的走向。北宋道士张伯端赋诗曰："药逢气类方成象，道在虚无合自然。一粒灵丹吞入腹，始知我命不由天。"（《悟真篇·七言绝句六十四首之六十》）在这里，"我"无疑是个体的表征，"天"指外来的干预。道教认为个体修行才是关键，别指望上苍会给予恩赐。

综上所述，从老庄开始，至道教为止，道家学派皆以维护个体性为特色，可谓一脉相承。在群体和个体关系上，儒家与道家各有所见，也各有所蔽。道家有见于后者，蔽于前者。人一生下来，的确是个体，这一点道家学派没有看错，可惜他们忽略了群体性。儒家有见于前者，蔽于后者，即忽略了个体性。儒家的群体性理论容易被强者所利用，道家学派的个体性理论道出弱者的无奈、苦楚和呻吟。古代读书人倒是自发地把两家统一起来了，通常把儒家的书放在书房，以示尊重；把道家的书放在卧室，以示受用。

诸葛亮"非淡泊无以明志,非宁静无以致远",既有儒家的色彩,也有道家的气质。现代新儒家冯友兰先生试图把两家整合起来,可惜未引起学界的注意。他说:"儒家墨家教人能负责,道家使人能外物。能负责则人严肃,能外物则人超脱。超脱而严肃,使人虽有'满不在乎'的态度,却并不是对于任何事都'满不在乎'。严肃而超脱,使人于尽道德底责任时,对于有些事,可以'满不在乎'。有儒家墨家的严肃,又有道家的超脱,才真正是从中国的国风养出来底人,才真正是'中国人'。"[1] 今天,如何在马克思主义视域中,把群体性原则同个体性原则有机地统一起来,把儒道两家整合起来,仍然是值得深入探讨的理论问题。

〔见《河北学刊》2023年第1期。〕

---

[1] 冯友兰:《三松堂全集》,郑州:河南人民出版社,2000年版,第4卷,第363页。

荀学辨惑

研读《荀子》是我治中国哲学史的起点。我在二十几岁的时候，曾作为工人理论队伍成员，参加吉林大学《荀子》注释组，编纂《荀子选注》一书。我具体参与了《荀子·礼论》篇的注释和今译工作。我接触《荀子》已经几十年了，不知不觉，已从年富力强的青年变成年逾七旬的老者了。我毕竟浸淫荀学数十年，忍不住想说几句。我觉得，有三股迷雾在荀学界飘荡着。一股迷雾认为，荀子是个"性恶论"者；一股迷雾认为，荀子是"天人相分论"者；再一股迷雾认为，荀子是法家。对于这三股迷雾，我皆不敢苟同。我觉得有澄清的必要，提出来与学界同仁商榷。

一、荀子是"性恶论"者吗？

在一般中国哲学史教科书里，关于荀子通常有"性恶论"的提法。编纂者认为，荀子是"性恶论"者，与孟子

"性善论"正相反对。我在自己的著作里,也曾用过这种提法。现在仔细想一想,觉得站不住脚。所谓"性恶论",顾名思义,就是强调人的本性全部是恶。试想:两个本性全部是恶的人,怎么可能凑到一起呢?既然彼此都视若仇敌,大家怎么可能找到共识呢?在任何时候,恶绝不可能成为人们结成社会群体的纽带,性恶论不可能为人类社会的组成提供前提。名实相称的性恶论,乃是一种反人类、反社会的观念,大概只有罪犯才会秉持,任何思想家都不会秉持。怎么能把荀子等同于罪犯呢?其荒谬性自不待言。

把荀子误解为"性恶论"者,大概同荀子写了《性恶》篇有关。荀子阐述过"人性有恶"的观点,指陈人性中存在着种种阴暗面。如果任凭人之性自然发展、不加以约束的话,可能流于恶。比如,见到好吃的东西,会抢着吃;见到重体力活,会绕开走。"饥而欲食,寒而欲暖,劳而欲息,好利而恶害"(《荀子·荣辱》),"目好色,耳好声,口好味,心好利,骨体肤理好愉佚"(《荀子·性恶》)。可是,事实上并不会发生上述情况。那是什么缘故呢?原来是礼义约束的结果。荀子由此得出结论:"人之性恶,其善者伪也。今人之性,生而有利焉,顺是,故争夺生而辞让亡焉;生而有疾恶焉,顺是,故残贼生而忠信亡焉;生而有耳目之欲,有好声色焉,顺是,故淫乱生而礼义文理亡焉。"(《荀子·性恶》)由于遵守礼义已经成为人们的共识,恶的一面自然受到限制。荀子只论述过"人之性有恶",从未说过"人性恶"。前者是选言判断,不排除还有善;后者是全称判断,将善排除在外:二者不是一个概念。荀子看重环境改造人的作用,比喻为"蓬生麻中,不扶而直;白沙在涅,与之俱黑"(《荀子·劝学》)。他认为环境的力量远远大于人之性的力量,它可以改造人之性,使之转恶为善。在《性恶》篇里,荀子仅是作出"人性有恶"的假言判断,怎么能给他扣上一顶"性恶论"的帽子呢?"性恶论"云云,并不能反映荀子的思想全貌。通观《性恶》全篇,很难从中得出"荀子是性恶论者"的结论。

认为人性有恶的、阴暗的一面,可以说是一种很普遍的观念。古今中外,屡见不鲜。在西方,有句谚语说,人"半是天使,半是野兽",强调在人性中有趋于野兽、趋向恶的方面。中国有句谚语说,"害人之心不可有,防人之心不可无",也强调人性有恶的一面,必须对此加以防范。黑格尔表示欣赏"人性有恶"的观点,他说:"人们以为当他们说人性本善时是说出了一种伟大的思想;但是他们忘记了,当他们说人性本恶时,说出了一种伟大得多的思想。"恩格斯引用黑格尔对善恶关系所作的辩证分析,表示有同感,认为"在黑格尔那里,恶是历史发展的动力借以表现出来的形式"[1]。孟子主张人性善,那只是就理想人性而言,意思是"人性应该善";他并不否认,在实际中的人既

---

[1]《马克思恩格斯选集》,北京:人民出版社,1995年版,第4卷,第237页。

有善，也有恶。举个例子说，人之性好比牛山一样。本该是郁郁葱葱的牛山，可是由于牛羊的啃噬，竟变得光秃秃的，难道是牛山本身的过错吗？同样道理，人性本来应该是善的，可是由于受到欲望的侵蚀，竟会流于恶。承认"人性有恶"，可以说"卑之无甚高论"，乃是十分平常的说法。仅凭这一论断，便厚诬荀子是"性恶论"者，合适吗？荀子只承认"人性有恶"，绝不会承认"人性全部是恶"。

荀子的"人性有恶说"在历史上影响很大。在扬雄的"善恶相混说"里，可以找到荀子的影子；在董仲舒的"性三品说"中，也可以找到荀子的影子。董仲舒认为，大多数人属于"中民之性"，可以为善，也可以为恶。宋明理学家大都赞成二重人性论，其实也保留着"人性有恶论"的影子。张载认为人性有二重性，既包含着"天地之性"，也包含着"气质之性"。"天地之性"来自太虚之气，是至善的；而"气质之性"由于受到环境习染，既可以为善，也可以为恶。所以，"变化气质"、转恶为善十分必要。二程也认为人既有"天命之性"，也有"生之谓性"。前者来自天理，是至善的；后者是指现实的人之性，可善可恶。朱熹把张载和二程的思想综合起来，认为人一方面具有至善的"天命之性"，另一方面也具有"气质之性"。"如有天命之性，便有气质。若以天命之性为根于心，则气质之性又安顿在何处？"（《朱子语类》卷四）在"气质之性"中有恶的因素，只有"变化气质"，才能转恶为善。他们都吸收了荀子"人性有恶论"的思想。

荀子承认人性有恶的一面,仅仅是他关于人性的一种看法,并不是他关于人性论的全部观点。用"性恶论"概括荀子人性论,乃是以偏概全。其实,荀子关于人性的看法很复杂。他既看到人性有恶的一面,也不否认人性有善的一面。善恶是一对相对而言的范畴。善与恶相辅相成:离开善,无所谓恶;离开恶,也无所谓善。当承认"人性有恶"的时候,必定以善为尺度,因为恶并不可能成为衡量恶的尺度。所谓恶,就是善的流失。荀子认为,凡是符合礼义规范的行为,都可以称为善;凡是违背礼义规范的行为,才叫恶。荀子并非对人性只做否定判断,同时也做肯定判断,怎么能说他是"性恶论者"呢?关于善的起源,在古人眼里,是一道难题,历来诸说纷纭,并无定论。大多数宗教家认为善是外在的,来自至上神。孟子认为善是内在的,来自人性善。这都是一家之言而已,并非定论。荀子不赞成孟子的先天性善论,认为善是外在的,乃后天形成。外在善并非来自至上神,而是来自社会的礼义规范。他承认,人同礼义规范之间有天生的亲和力,愿意接受礼义规范的约束。这不等于承认"人性有善"吗?试想:一个骨子里认定"人性全部是恶"的人,怎么可能心甘情愿地接受礼义规范的约束呢?

关于"人性有善"的一面,荀子唱了两首赞歌。第一首赞歌是"人为贵"。他分析说:"水火有气而无生,草木有生而无知,禽兽有知而无义。人有气、有生、有知,亦且有义,故最为天下贵也。"(《荀子·王制》)在这里,他把世界上的存在物划分为四个等级:最低是无机界,略高的是生物界,再高的是动物界,最高的才是人类。只有人类才有气、有生、有知、有义,堪称"天下贵"。"贵"就是"有意义"的意思,标示着儒家价值观。"人为贵"意味着"人性有善"。荀子"人为贵"之说影响极大,已被以孔子的名义写入《孝经》,成为后世儒家的传统观念之一。《大戴礼记》"倮之虫三百六十,而圣人为之长"的说法,刘禹锡"人,动物之尤也"的说法,其实都是"人为贵说"的继承。

荀子关于人性有善的第二首赞歌是"人能群"。荀子分析说,论力气,单个人没有牛的力气大;论速度,单个人没有马跑得快。可是,看起来弱小的人,居然可以驾牛乘马。这是什么缘故呢?奥秘就在于人可以凭借群体的力量征服牛马,从而成为牛马的主人。人为什么可以结成群体?就在于懂得礼义,"明分使群",结成社会,分工协作,建立秩序。每个人不再是单独的存在物,而是变成社会的一员。凭借社会的威力,就可以战无不胜。只有抱着"人性有善"观念的人,才可以结成群体。承认"人能群",不啻承认人性有善。一群骨子里"性恶"的人,能抱成一团吗?"人能群"之说影响深远,直到近代,仍是先进中国人的思想武器。严复很欣赏荀子"人能群"的观点,曾经试图使用"群学"一词。无奈从日本传来的"社会学"一词已经流行开来,他只好作罢。孙中山大力倡导合群互助的人道原则,反对尔虞我诈的兽性原则,从荀子那里找到了抵抗社会达尔文主义的理论依据。

荀子一方面承认"人性有恶",另一方面也承认"人性有善"。把两方面合起来,就叫作"人性朴"。这才是荀子关于人性的总结论。在他眼里,人性如同一张白纸,可以大有作为,在人生中干出一番轰轰烈烈的事业来,惊天地,泣鬼神,功成名就,彪炳史册,引起后人的仰慕;也可以碌碌无为,荒废人生,浑浑噩噩,一事无成,留下废纸一张。所谓"性恶论"云云,与荀子毫不相干,可以休矣。

二、荀子是"天人相分论"者吗?

在一般中国哲学史教科书里,关于荀子通常有"天人相分"的提法。编纂者认为,荀子是"天人相分论"者,与孟子"天人合一论"正相反对。我怀疑这种提法。理由是:我们翻遍《荀子》一书,找不到"天人相分"四个字,"天人相分论"者并没有文献依据,乃是编纂者强加给荀子的。荀子只说过"明于天人之分",从未说过"天人相分"。在人性论方面,荀子承认"人性有恶也有善",我们不能片面地把他概括为"性恶论"者;在天人关系问题上,荀子既有见于二者之分,也有见于二者之合,我们也不能将他概括为"天人相分论"者。"天人相分"是一种对立性思维，只强调天人之分，否认天人之合，视自然界为敌人；"明于天人之分"是一种辩证思维，既有见于天人之分，也有见于天人之合，视自然界为朋友。分与合是一对范畴。离开合，无所谓分；离开分，也无所谓合：二者相辅相成。谈分必谈合。如果只谈分，不谈合，考察天人关系还有什么意义呢？荀子怎么可能只谈"天人相分"，闭口不谈"天人之合"呢？事实上，他两个方面都谈到了，只是编纂者忽视不见而已。

谈到天人关系时，荀子的确承认二者之间存在着分际。他说："天行有常，不为尧存，不为桀亡。"(《荀子·天论》)荀子所说的"天"，相当于我们现在所说的自然界；所说的"常"，相当于我们现在所说的规律性。按照荀子的描述，自然界按照自身规律运行着，至于人间是否出现尧一类的明君，抑或出现桀一类的暴君，二者之间并没有关联性。自然界按自身规律运行着，春季过去，一定是夏季；夏季过去，一定是秋季；秋季过去，一定是冬季。四季交替，绝不会乱。人们根据这种规律性，可以安排春种、夏长、秋收、冬藏等生产活动。自然界按照自身规律运行着，同人的期望值没有关联性。"天不为人之恶寒也辍冬，地不为人之恶辽远也辍广。"(《荀子·天论》)自然界作为自在之物，不受人们意愿支配。"列星随旋，日月递照，四时代御，阴阳大化，风雨博施，万物各得其和以生，各得其养以成。"(《荀子·天论》)荀子把这叫作"天职"。人们不能随便干预"天职"。自然界按照自身规律运行着,同人的价值取向没有关联性。他不认同孟子从"人性善"追溯到"天性善"的思路,强调善恶皆与"天职"无关,只能在人自身找原因。总之,荀子认为天人各司其职:天繁衍万物,不抱任何目的性,"不为而成,不求而得"(《荀子·天论》);人不能"与天争职",却能利用规律为自己谋福利。

荀子"明于天人之分"的思想,其实是接着孔子讲的。孔子谈到天时说:"天何言哉?四时行焉,百物生焉,天何言哉?"(《论语·阳货》)孔子认为,天乃是一种客观存在:四季按时交替更迭,形形色色有生命的动植物繁衍不止。天没有任何神秘之处。天不说话,只有人才说话,意味着天人之间有区别。在孔子那里,就已见"明于天人之分"思想的端倪,只是还不够鲜明;荀子把这层关系说透了,使儒家学脉得以延续。

编纂者硬把荀子说成"唯物主义者",我不认可这种说法。我在《天人之辨:中国古代哲学基本问题》一文中指出,抽象化的"哲学基本问题"不是恩格斯提出来的,而是苏联哲学教科书编纂者杜撰出来的。恩格斯虽使用了"全部哲学"一词,从形式上看似乎是全称,其实是特称,仅指德国古典哲学,其中并不包括中国哲学。中国哲学自身的基本问题是天人关系问题,并不关心"世界从哪里来"的问题。唯物唯心问题仅限于那些具有创世说传统的国度,不能到处套用。中国历来没有创世说传统，盘古开天地、女娲补天只是小说家言，登不得大雅之堂，没有得到哪位哲学家的认同。在中国哲学家眼里，世界从来就有不言自明，不成问题；再给谁戴上"唯物主义者"帽子，实在多此一举。我们不能用一个外来的问题肢解中国哲学，强物就我，生搬硬套。对于荀子，也是如此。荀子只强调天（自然界）的客观性，没有追问世界到底从何处而来。所以，"唯物主义者"这顶桂冠戴不到荀子头上。

荀子的天人关系学说既有"明于天人之分"的一面，也有"明于天人之合"的一面。所谓"合"，就是承认天的客观自然规律同人的主观能动性之间具有同一性。荀子没有使用"合"这个字，代之以"参"字，或代之以"用"字。他所说的"参"或"用"，其实与"合"同义。在荀子眼里，人不再是自然的存在，而是文化的存在。人可以发挥主观能动性，掌握自然规律，让自然规律为人类服务。借用康德的话说，叫作化"自在之物"为"为我之物"。不过，实现这种转化是有条件的，必须建立在充分认识自然规律的基础上。如果不具备这个条件，"舍其所以参，而愿其所参，则惑矣！"（《荀子·天论》）任何幻想都于事无补，人必须弄清楚在何种情况下该做什么事情，那才算明智。这就叫作"知其所为，知其所不为"（《荀子·天论》）。人做到这一点，就可以实现"天地官而万物役"的目的。从天人相"参"、为人所"用"的观点出发，荀子进一步概括出"制天命而用之"的命题。《荀子·天论》篇有一段话引用率很高:"大天而思之,孰与物畜而使之!从天而颂之,孰与制天命而用之!望时而待之,孰与应时而使之!因物而多之,孰与骋能而化之!思物而物之,孰与理物而勿失之也!愿于物之所以生,孰与有物之所以成!故错人而思天,则失万物之情。"这里所谓"制之""使之""化之",其实都是"用"的意思。由此可以看出,荀子绝不是"天人相分论"者,而是辩证的天人关系论者。编纂者根据上述这段话,硬说荀子有"征服自然""人定胜天"的思想,我不敢苟同。在古代生产力不够发达的情况下,荀子不可能有"征服自然""人定胜天"一类的思想。荀子并不讳言,人对自然界的认识具有局限性,在许多情况下,人未必胜得了天;人只能利用自然规律谋福利,永远也不可能征服自然。"征服自然""人定胜天"一类的说法,是在近代以后生产力日趋发展的情况下人们才会有的妄念。把"征服自然""人定胜天"一类观念加在荀子头上,有强使古人现代化之嫌。

在天人关系问题上,荀子既"明于天人之分",也"明于天人之合"。我们不能只见其一,不见其二,硬把荀子说成"天人相分论"者。这是一种片面的论断,忽视了荀子思想的全面性。所谓"天人相分"云云,与荀子毫不相干,可以休矣。

三、荀子是法家吗？

在战国时期，荀子长期执教于齐国稷下学宫，"三为祭酒，最为老师"。当时没有人怀疑他的儒家身份，没人说他是法家。汉代人也认同荀子的儒家身份。司马迁在写《史记》时，把荀子和孟子放在同一列传中，其地位不在孟子之下。唐代韩愈编织道统，虽把荀子排除在外，但仍旧视其为儒家。直到宋明理学问世，荀子方才被人们开出儒籍，硬被说成法家。朱熹认为，"荀卿全是申韩"，"只一句性恶，大本已失"。理学家大力抬高孟子，使其地位仅次于孔子，号称亚圣。《孟子》也被列入"四书"，成为人们的必读之书。相比之下，荀子的地位却一落千丈，不仅失掉"七十三贤"（孔子原有弟子有"贤人七十二"）的荣耀，而且被赶出孔庙，不再享有从祀孔子的待遇。"文革"期间，荀子一跃成为官封的法家。

某些人把荀子说成法家，通常会找到以下五种理由。把这些理由一一破解掉，那顶无端戴在荀子头上的法家帽子，自然也就可以摘除了。

第一种理由：荀子主张性恶论，奠立法家人性论根基。我在上文说过，"性恶论"是强加给荀子的一顶帽子。把荀子说成"性恶论者"，进而说成法家，皆系无稽之谈，因为法家也不是性恶论者。在法家的字典里，根本没有善恶二字。韩非指出,卖高档轿车的老板希望每个人都发财,并非出于善意;如果没有人发财,轿车怎能卖得出去呢?卖棺材的老板希望经常有人死,并非出于恶意;如果谁都不死,棺材卖给谁?法家断言人性自私,免不了受利益驱动,既无所谓善,也无所谓恶。仅从"人性有恶"这一论点,绝对得不出"荀子是法家"的结论。

第二种理由:荀子主张"法后王",开启法家薄古厚今论的先河。荀子的确有"法后王"之说,他在《荀子·儒效》篇中写道:"百家之说,不及后王,则不听也。"问题是,荀子所说的"后王"到底指谁?是指"当今之王"吗?我以为不是。因为荀子身处战国诸侯纷争时期,那时能够一统天下的"当今之王"还没有问世,荀子到哪里去效法?荀子所说的"后王",其实是指周文王、周武王,绝不能理解为"当今之王"。在《荀子》一书中,"法先王"与"法后王"是一致的,并无矛盾,因为后王是先王的继承者,二者一脉相承。先后相对而言,如果把尧、舜、禹算作"先王"的话,周文王和周武王当然只算是"后王"了。荀子既有"法后王"之说,也有"法先王"之论。他赞扬说:"儒者法先王,隆礼义,谨乎臣子而致贵其上者也。"(《荀子·儒效》)他绝对没有薄古厚今的意思。薄古厚今的确是法家的思想。法家韩非说:"上古竞于道德,中古逐于智谋,当今争于气力。"(《韩非子·五蠹》)他嘲笑儒家崇拜先王,不懂得"世易时移"的道理,犹如守株待兔一样可笑。荀子会如是想吗？如果仅仅抓住"法后王"这一观点，就把法家帽子扣在荀子头上，岂不是太过于牵强了？

第三种理由：荀子同情霸道，落入法家套路。荀子在解释礼法关系时，的确对霸道表示同情。他认为，礼治与法治，或者王道与霸道，都不是对立关系。二者相辅相成，相互补充，谁也离不开谁。礼治和法治之间，或者王道和霸道之间，没有不可逾越的鸿沟。"礼者，法之大分，类之纲纪也。"（《荀子·劝学》）礼虽然属于道德范畴，可是有强制的约束力。就强制约束力而言，礼意味着广义的法、最大的法。礼治与法治、王道与霸道当然有区别。前者属于软的一手，具有感召力，与仁相契，可以使人主动地为善；后者属于硬的一手，没有感召力，不与仁相契，但可以使人被动地不为恶。鉴于这种认识，荀子主张王霸杂用、礼法双行，但是礼、王占优位。他的说法是："隆礼尊贤而王，重法爱民而霸。"（《荀子·大略》）在荀子提出的四项主张中，隆礼、尊贤、爱民皆属于王道，只有重法一项属于霸道。他仅仅把霸道限制在王道所能容许的范围内，绝不离开王道单独论霸道。他强调，王道和霸道相得益彰，缺一不可："粹而王，驳而霸，无一焉而亡。"（《荀子·强国》）

在先秦儒门中，同情霸道的不止荀子一人，创始人孔子首开同情霸道的先河。《论语》写道："子曰：道之以政，齐之以刑，民免而无耻；道之以德，齐之以礼，有耻且格。"(《为政》)孔子认为,如果只采取行政命令、刑罚约束等霸道手段的话,固然可以使人被动地不为恶,但起不到主动为善的效果;不如道德感化、礼治引导等王道手段高明。王道不但使人培养廉耻之心,还可以收到人心归服的效果。在这里,孔子只是强调王道比霸道高明,并未否定设置霸道的必要性。管仲奉行霸道,孔子既有所批评,也有所赞扬。同样都对霸道持同情态度,为什么不把孔子列入法家,非得把荀子列入其中呢?

在先秦儒门中,排斥霸道者也不乏其人,孟子可算得上一位。他说:"善战者服上刑,连诸侯者次之,辟草莱、任土地者次之。"(《孟子·离娄上》)孟子同荀子确有分歧,但只是儒家内部的分歧,并非势不两立、你死我活,完全可以平心静气地坐下来讨论。我们大可不必非荀是孟或扬孟抑荀,抬高一个,贬低一个。其实,孟子和荀子都是儒家营垒中的大师级人物。在孔子那里,儒学还只是一种想法,借助谈话的方式表达出来;孟子把孔子的想法变成一种说法,发展了孔子"为仁由己"的仁学,但也有"迂远而阔于事情"(司马迁语)之嫌;荀子把孔子的想法变成一种做法,发展了孔子"约之以礼"的礼学,使之具有可操作性。孟子是儒家教育哲学的大师,荀子则是儒家管理哲学的大师。荀子不像孟子那么有诗意,却可以带来行政效率。宋明理学家喜欢孟子,说他是"醇儒",嫌荀子不够"醇"。可是,单靠"醇儒"能治国吗?

荀子设计的"王霸杂用"两手政策，表现出独到的政治智慧。正是这种政策设计，才使儒学获得"以儒治国"的荣耀。所谓"治"，必须讲究策略。荀子主张两手应该一齐抓，哪一手都不能少。某些儒家只相信价值理性，心太软，治不了国家；法家只相信工具理性，心太硬，同样也治不了国家。唯有荀子设计的两手谋略，才是治国良策。荀子"王霸杂用说"在后世儒门中得到普遍认同。例如，董仲舒主张"阴法阳儒"，其实就是荀子两手政策的延续。历代皇帝都是两手政策的奉行者。汉宣帝说："汉家自有制度，本以霸王道杂之。"（《汉书·元帝纪》）岂止汉家？哪个朝代不是如此？鲁迅先生说得好，王道和霸道看上去像是对立的东西，其实却是兄弟。谭嗣同感慨"二千年来之学，荀学也"，虽对荀子思想不无微词，倒也符合实际。所谓"以儒治国"，其实就是以荀子设计的两手政策治国。

同情霸道不是法家的专利，崇拜霸道才是法家的特点。法家崇拜霸道，只迷信暴力，只迷信硬的一手，不相信软的一手。他们鼓吹实施一手政策，即硬的一手；反对实施两手政策，完全放逐软的一手。基于人性自私的判断，法家坚决主张采纳铁血政策，厉行苛刑峻法。荀子看到人性有善亦有恶，坚决主张实行王霸杂用、礼法双行的两手政策，与法家不是一类人。不能把他推入法家营垒。

第四种理由：荀子西行入秦，落入法家窠臼。荀子的确到过秦国。他的活动范围比孔子、孟子大得多。孔子、孟子的活动范围，仅限于中原地区；荀子则超出这个范围，在秦国和楚国留下足迹。他曾访问过人们眼中的"虎狼之国"，即厉行法家政策的秦国。他在《荀子·强国》篇谈及在秦国的观感。他固然说了秦国许多好话，但也直率地批评秦国之不足："其殆无儒邪"。从荀子这句话可以看出，他念念不忘的是儒家，不是法家。法家不可能成为荀子的最终归宿。

第五种理由：荀子曾经是法家韩非、李斯的老师，培养出一批法家人物。诚然，李斯和韩非都做过荀子的弟子，但并不是荀子所欣赏的得意弟子。荀子听说李斯做了秦国的宰相，竟气得整天吃不下饭。韩非和李斯成为法家以后，完全放逐价值理性，一味崇信工具理性，早已经背叛师门，同荀子还有什么关系呢？法家崇拜工具理性，视他人仅为工具，而不是目的，完全不相信价值理性。按照他们的看法，人们交往完全出于利益驱动。老板招徕顾客，并非出于爱心；重男轻女现象，与孝道无关；至于君臣关系，完全是一场政治交易，"主卖官爵，臣卖智力"（《韩非子·外储说右下》）而已，根本谈不上忠道。法家奉劝君主必须采取"术"的手段，凭借"势"的威慑，防范臣子图谋不轨。荀子既诉诸工具理性，也诉诸价值理性，主张实行两手政策，并不赞成法家的一手政策。他相信人间有爱、有孝、有忠，主张以爱为纽带把人们团结起来，组成和睦相处、休戚与共的群体。法家主张通过政绩考核的方法决定官员的升迁，荀子则主张以礼义为尺度选拔人才。"虽王公士大夫之子孙也，不能属于礼义，则归之庶人；虽庶人之子孙也，积文学，正身行，能属于礼义，则归之卿相士大夫。"（《荀子·王制》）在中国古代，荀子的构想通过科举考试的办法得以落实。荀子自始至终都把王道摆在首位，把礼义摆在首位，跟法家绝不是一类人。

以上三股迷雾之所以长期在荀学界徘徊不去、飘荡不散，同教条主义思维方式有摆脱不了的干系。教条主义者硬说孟子是"唯心主义者"，把荀子打扮成"唯物主义者"；硬说孟子是"性善论"者，把荀子打成"性恶论"者；硬说孟子是"天人合一论"者，把荀子打成"天人相分论"者；硬说孟子是尊王贱霸的儒家，把荀子打成残虐无道的法家。他们处处把孟子和荀子对立起来，煞费心机地凑成所谓"两军对战"，对荀子肆意加以曲解。他们的结论不是研读荀子原著得出来的，而是按照某种口径演绎出来的。哲学是一门关于思维的学问，一向鼓励独立思考，鼓励学有所得。做学问不要跟风。不能哪里枪声急，就往哪里冲；谁的声音大，就跟着谁喊。当我们摆脱了教条主义束缚以后，相信中国哲学史事业一定会开出崭新局面。

〔见《东岳论丛》2023年第1期，发表时有改动。〕

中国古代哲学展开期脉络

先秦哲学家提炼出天人之辨，并赋予其哲学内涵，这是中国哲学基本问题的根荄。奠基期的哲学家时刻关注乱世的出路，探讨天人之辨不能不把重点放在人上，这在情理之中。中国哲学自诞生之日起，就把治乱问题作为探讨的重点之一，故带有浓重的政治哲学色彩。到汉代，中国再次统一，乱世已成过去，中国哲学基本问题也随之发生第一次变化，将重点从人转到了天。不过，这里的"天"不是自然之天，而是象征"大一统"的政治之天。

汉代秦立，刘氏王朝重新建立中央集权制国家，中国哲学告别奠基期，进入展开期。所谓展开，意思是说中国哲学不再像先秦时期那样局限在政治哲学领域，而是开始接触到人生哲学和宗教哲学，全面展开中国哲学的内容，儒家、佛教、道家和道教悉数出场。三教宗旨不同，风格迥异，各自有各自的理论优势。三教相互辩难，相互借鉴，共同展开中国传统哲学的丰富内涵。中国古代哲学展开期长达近一千二百年，学界通常概括为以儒治国、以道治身、以佛治心，叫作"三教并立"。这也是整个中国传统哲学史的格局。展开期的语境变化，可以分为三个时段来把握。前四百年，中国大体处在统一状态；中间四百年，处在分裂状态，但趋向于统一；从隋唐开始，重新回到"大一统"状态。唐以后，除了朝代更迭之间有短暂的分裂之外，基本上保持着统一状态。在这三个时段里，随着语境的变化，天人之辨也有不同的表现。

一、维护大一统的经学

第一个时段以经学为代表。汉代再次统一中国，乱世宣告终结，中国哲学基本问题随之发生了第一次变化，重点由人转到了天。汉朝没有改变秦朝的政体，依然实行中央集权制，但不能不吸取秦"二世而亡"的深刻教训。实践证明，法家作为第一家官方哲学，可以帮助皇帝打天下，却不能帮助皇帝治天下。汉代皇帝不能不考虑，如何治天下才能长治久安呢？显然不能指望法家，必须在法家之外寻找资源。这等于宣告法家出局了，不再有官方哲学的光环。文化程度不高的刘邦不像从前那样鄙视儒家，竟成了第一个祭祀孔子的皇帝。经过连年征战，初建的汉朝国力很弱，就连天子也凑不齐四匹同样颜色的马来拉车，将相们只能坐牛车代步。一支赶牛车的军队怎能抵御匈奴的进犯？迫于无奈，朝廷只好采取"和亲"政策，借以换取边界暂时的安宁。在国势疲软的情况下,汉初皇帝虽对儒家有好感,但还是选择黄老之学作为第二种官方哲学,实行"无为而治"的国策。黄老之学中的"黄",名义上是指黄帝,其实是汉初之人虚构的形象,并非历史人物。该学派推崇黄帝,表示维护中央集权制,有浓厚的法家色彩。法家虽已出局,但并未退场,只是从幕前转到幕后。黄老之学中的"老"是指带有法家色彩的道家,不是先秦道家的再现。黄老之学其实是法家与道家的融合,当然其主色调是道家而不是法家。

在黄老之学的帮助下,汉初几代皇帝推行休养生息的政策,使得国力迅速提升,但也造成"尾大不掉"的弊端。地方诸侯借口"无为而治",不听朝廷约束,屡屡造反,弄得国无宁日。看起来道家作为官方哲学也不合适,必须另辟蹊径。雄才大略的汉武帝刘彻毅然决定改弦更张。他放弃了黄老之学,等于宣布道家作为官方哲学也出局了。在先秦儒、道、墨、法四家中,法、道两家出局,墨家带有庶民色彩,不可能受到皇帝的青睐,唯一可选择的就剩儒家。儒家被汉武帝看中,并扶植到第三种官方哲学的位置。汉武帝诏举贤良对策,采纳董仲舒的建议,推出"罢黜百家,独尊儒术"的新国策,以取代"无为而治"的旧国策。

儒学成为官方哲学以后,改称经学,有"大经大法"的意思。儒学不再是一家之言,而是上升为主流意识形态。朝廷下令在全国范围内推广儒学,鼓励整理儒家文献。朝廷根据儒家各门典籍专门设置官员，叫作博士。经学分为两种：一种叫作今文经学，是儒生口授、用当时流行的文字记录整理出来的儒家典籍；另一种来自已发现的儒家地下文物，用古代蝌蚪文书写，叫作古文经学。两家不仅来源不同，学术风格也不同。今文经学家讲究微言大义，政治性较强；古文经学家讲究名物训诂，学术性较强。以董仲舒为代表的今文经学在西汉政治影响力较大。在中国哲学史上，第一种官方哲学是法家，第二种官方哲学是黄老之学，第三种官方哲学就是经学。尽管法家也在被罢黜之列，实际上并未退场，已经变为经学中的一个理论环节了。经学阳儒阴法，不是先秦儒家的再现。经学家虽打着"醇儒"的旗号，其实是法家和儒家融合的产物，其主色调无疑是儒家，但维护中央集权制，则是两家的共识。

经学家从先秦诸子那里接过天人之辨，不过探讨的重点已由人转移到了天，以适应维护"大一统"的政治需要。他们心目中的天，就是中央集权制国家的表征。董仲舒宣称，皇帝受命于天，"立于生杀之位，与天共持变化之势"[1]。儒学变身为经学以后，既有有利的一面，也有不利的一面。有利的一面在于可以借助皇权扩大学术影响；不利的一面在于只能充当皇权的御用品，从而限制了学术的发展。在

---

[1]（清）苏舆撰，钟哲点校：《春秋繁露义证》，北京：中华书局，1992年版，第332页。

汉代，儒学虽没有成为神学的婢女，却不幸成了皇权的婢女。经学家只能在皇权的笼子里跳舞，说一些皇帝喜欢听的话，说一些维护"大一统"的话。经学虽然替皇权说话，并非一味维护皇权。有的经学家也试图用神权约束皇权，但没有成功。例如，公元前135年，皇帝祭祖的长陵高园殿、辽东高庙失火，信奉天人感应的董仲舒认为这是上天对朝政发出的谴告，是对武帝滥杀骨肉大臣的惩戒。他不顾重病在身，连夜起草奏章，准备上奏朝廷。武帝得到奏章后，勃然大怒，要处他以死罪，幸亏他的学生吕步舒等人苦苦为他求情，才免于一死。经学只是一种官方哲学，尽管有神学倾向，毕竟不是宗教。经学没有把天看成"万能的主"，也没有宗教组织可以依托，并不能像基督教那样可以依据神权同皇权相抗衡。经学家没有这种资本。

经学家努力为皇权的合法性提供理论依据，已失去学术的独立性。东汉年间在民间出现一股以王充为代表的针对经学的批判思潮。王充指斥经学把天凌驾于人之上的做法，举起"疾虚妄"的大旗。该批判思潮虽未能撼动经学的统治地位，但却预示着经学走向了末路，取而代之的学术新形态即将问世。

二、抽象的玄学

第二个时段以玄学为代表。玄学家不认同经学家的讲法，不再直接面对天人之辨，直接探讨的问题是体用之辨。这是中国哲学基本问题的第二次变化。玄学家不再像经学家那样关注天，而是从天人之辨引申出更为具体的体用之辨。玄学淡化了哲学的政治色彩，试图寻找到精神生活的支柱。到魏晋时期，中国社会再度陷入分裂状态，刘氏王朝皇帝供奉的"天"已经塌了，依附于皇权的经学随之受到冷落，再也无人问津。既然"天"已经变了，经学不能再起作用，另辟蹊径势在必行。在这种情况下，玄学合乎逻辑地应运而生了。由于当时无人能约束思想界，玄学家不必像经学家那样在皇权的笼子里跳舞，又寻回自由思考的乐园。玄学可资利用的资源，除了儒家之外还有道家，可谓是儒道两家的整合。在解释何者为"体"方面，他们利用了道家的资源；在解释何者为"用"方面，则利用了儒家的资源。按照经学家的解释，天是有形象的天，与人属于同类：天无非是放大了的人，而人是缩小了的天。天凌驾在万民之上，二者构成一种外在的合一关系。玄学家试图把这种外在的合一关系转化成内在的合一关系。他们认为，天与人是一个整体，既然是整体，就必须以抽象的本体为支撑点。玄学家虽然关注体用之辨，但骨子里并没有放弃天人之辨。体用之辨是从天人之辨转变而来，仍然以后者为底色。在玄学家那里，"体"对应着天，"用"对应着人，体用之辨同天人之辨兼容。所谓"用"，关涉人的价值观念。只有对人的行为才谈得上用，至于非人的活动，无所谓用或不用。"用"是中国哲学特有的范畴,与西方哲学中的"现象"不是一回事,只适用于人生哲学,不适用于自然哲学。

玄学的出现显示中国哲学由象数到抽象的发展轨迹。在经学家的眼里,天是具体的、有形象的、有数字特征的。天与人属于同类,董仲舒称之为"人副天数",认为天就是人的先祖。在玄学家的眼里,抽象的"体"无形象可言。玄学的出场意味着道家重光。玄学家利用的哲学思想资源,主要是"三玄"即《周易》《老子》《庄子》。"三玄"之中,道家著作有二,可见玄学的道家色彩浓重。有的学者称玄学为新道家,不无道理。经学家的目光仅限于政治哲学方面,这种狭隘性被玄学家突破了。玄学家不再限于政治哲学领域,而是进一步触及人生哲学和精神哲学,可惜没有把二者都讲到位。在人生哲学方面,玄学家只能算是初步接触者。广大民众仍在他们的视野之外,没有讲出有普遍意义的人生哲学。严格地说,玄学家只讲出"官生哲学",没有讲出人生哲学,后来的理学家才弥补了他们的缺陷。在精神哲学方面,玄学家只讲到本体的抽象层面,未讲到本体的超越层面,无法建构精神世界,无法提供精神安顿之所。无论王弼推崇的"无",还是裴頠推崇的"有",抑或郭象推崇的"独化",都是抽象的本体,而不是超越的本体,都不能起到支撑精神世界的作用。玄学家从"用"中抽象出"体",却无法把"体"还原到"用"。玄学犹如一道彗星划破漫漫长空，旋即离场，不得不让位于擅长讲超越性的佛教。玄学的风头被佛教抢走了，有些玄学家甚至做了佛教徒。佛教把本体叫作真如，认为本体不在此岸，而在彼岸。佛教接着玄学话题，讲出了超越性。

三、超越的中国佛学

第三个时段以中国佛教宗派为代表。来自印度的佛教据说在公元1世纪传入中国，但中国佛教宗派却出现在唐朝。要想从抽象性讲超越性，中国自身的思想资源不够用，必须引进外来的思想资源。这种外来的资源就是佛教。据说在东汉年间，明帝做了一个奇怪的梦，梦到金甲力士，遂派官员乘白马到西域迎取佛教《四十二章经》，这被视作佛教引入中国的开始。传说不可确考，大概公元1世纪佛教传入中国之说还是比较可信的。从中透露出的消息是，佛教绝不是靠武力打进中国来的，而是中国人主动请进来的。中国人之所以把佛教请进来，源于中国自身有培育超越性的需要。

佛教有两点为中国哲学所不及。第一，中国哲学大都是讲给上流社会听的，不包括普通民众。中国人讲哲学侧重于政治哲学，寻求长治久安之策，不顾及如何安顿普通民众的精神生活。佛教是讲给所有人听的，不管上流社会还是普通民众，都可以成为受众。民众把佛教当作一种精神寄托，使眼前遇到的苦难暂时得以缓解，使心灵得到安慰。他们或许听不懂佛教讲的深奥道理，却可以成为虔诚的佛教徒。佛教虽然是一种宗教，却从生老病死讲起，包含一种人生哲学。佛教不讲政治哲学话语，不排斥任何人。玄学的失败表明，从政治哲学不能直接讲出人生哲学，中间必须经过佛教的洗礼。

中国人原本没有超越理念，这种理念是从印度佛教中引进来的。印度佛教信徒与中国人不同，他们相信世界有两个：一个是众生所在的世界，叫作此岸；另一个是诸佛所在的世界，叫作彼岸。此岸是虚假的，彼岸才是真实的，才是终极的超越目标。真如本体不在此岸，而在彼岸。此岸的人要想得到超越，必须经过佛祖的点化，设法从此岸跳到彼岸，找到精神的安顿之所。这是一种外在超越的思路。中国人虽接受了佛教的超越理念，却不认同印度人的思路，自觉或不自觉地将此岸彼岸之辨纳入天人之辨，使二者相互兼容。中国佛教宗派把彼岸理解为天，把此岸理解为人，强调此岸和彼岸的整体性，重拾天人合一的路径。称实而论，不是中国被佛教化，而是佛教被中国化了，其标志就是中国佛教宗派的形成。他们把此岸彼岸之辨纳入天人之辨，促使中国哲学基本问题发生三次变化。在中国佛教宗派里，华严宗和禅宗具有最鲜明的中国特色。华严宗侧重于般若学，虽承认此岸与彼岸的划分，但强调此岸和彼岸都是整体的两面，不能截然分割。按照华严宗的说法,"一即一切,一切即一"。此岸就是彼岸,烦恼就是菩提,生死就是涅槃,二者圆融无碍。禅宗侧重于解脱,认为众生与诸佛只是一念之差:"前念迷即凡夫,后念悟即佛;前念著境即烦恼,后念离境即菩提。"[1]在禅宗眼里,顿悟比做什么功课都高明,"飏下屠刀,立地成佛"[2]。华严宗和禅宗虽然没有放弃此岸与彼岸的观念,却已向"一个世界"靠拢,离走出佛教仅差一步之遥了。他们没有照着外来佛教讲,而是接着讲,按照中国人的思维习惯讲。他们讲的是人化了的佛学,已成为中国哲学的组成部分。他们似乎专门为中国人说法。他们从外来佛教那里接过此岸与彼岸的话题,却给出中国式的答案。

四、从道家到道教

三教中的"道",包括先秦道家、玄学和道教,主要影响力来自道教。原始宗教可以看作道教的源头,但道教并不是直接从中国原始宗教发展出来的。原始宗教中的鬼神观念、天命观念、灵魂不死的观念等等,通过文化典籍保存下来。如《庄子·逍遥游》中写道:"藐姑射之山,有神

---

[1] 丁福保笺注,一苇整理:《六祖坛经笺注》,济南:齐鲁书社,2012年版,第93页。

[2] (宋)普济著,苏渊雷点校:《五灯会元》,北京:中华书局,1984年版,第1297页。

人居焉，肌肤若冰雪，绰约若处子。不食五谷，吸风饮露。乘云气，御飞龙，而游乎四海之外。"《楚辞·远游》中写道："闻赤松之清尘兮，愿承风乎遗则。贵真人之休德兮，羡（一作美）往世之登仙。"《墨子》中有明鬼、天志等说法。孔子"敬鬼神而远之"，仍对鬼神观念有所保留。这些记载都为道教的形成提供了一些素材。原始宗教退场之后，没有消亡，只是不再占有主导地位，其活动并未停止。在各种各样的祭祀场合，巫师依旧有表演的机会。对于术士们求取不死之药的承诺，一些帝王深信不疑。原始宗教在民间也有一定程度的发展，出现了五斗米道、太平道等宗教组织的雏形。原始宗教观念和原始宗教活动的存在，固然为道教的出现提供了便利，甚至可以视为道教的前身，但这并不是严格意义上的宗教。它们仍旧停留在"术"的层面，未上升到"教"的层面，未形成严密的宗教组织、宗教仪轨，尤其是没有形成系统的宗教哲学理论。

佛教融入中国文化以后，改变了本土宗教不发达的情况。佛教拥有严密的组织形式、规范的宗教仪轨、丰富的宗教典籍、系统的宗教哲学理论，为道教的形成提供了可资借鉴的宗教模式、思想方法和思想资源。在佛教的影响下，道教终于出现了，并且得到长足的发展，乃至于达到可以同佛教分庭抗礼的程度。道教不但有严密的宗教组织、正规的道观、程序化的宗教仪式、专职的道士或道姑、大量的信徒，还有系统的宗教理论——道教哲学。

道教哲学是从道家哲学中发展出来的宗教哲学，同道家哲学既有联系，也有区别。它们之间的联系是显而易见的，那就是都以道为核心范畴。道家的主要讲法是哲学的，而道教的主要讲法则是宗教的，同佛教的讲法有相似之处。道教哲学家借鉴佛教的讲法，开发道家的思想资源，形成了一种有别于道家的宗教哲学理论。

道是道家和道教共同使用的范畴，但各自赋予的内涵却不一样。在道家理论中，道是解释人天总体的哲学范畴，有本原、过程、规律等意思，主要说明世界的由来。道作为宇宙万物的本原，处在混沌状态，或者说是万物的潜存状态。"朴散则为器"，道发散开来，就构成现存的世界，由此而言，道有过程的意思。道生发出万物以后，仍旧与万物同在，体现为事物之间的普遍联系，因而也有规律的意思。而在道教哲学中，道既是一个解释世界的哲学范畴，又是一个主宰世界的宗教信念。道教哲学的宗旨，主要不是解释"世界是从哪里来"的问题，而是说明"世界到哪里去"的问题，要为世界和人生找到一个终极的归宿。道教突出道至上、本然、永恒等意蕴。《太平经》说："夫道者，乃大化之根，大化之师长也。"[1] 道作为"师长"，同万物不在一个层次，与佛教中的真如类似，乃是指有宗教意味的超越本体。

---

[1] 王明编：《太平经合校》，北京：中华书局，1960年版，第662页。

道以气为载体。从动态的角度叫作道，从静态的角度叫作气，道气不可分，二者一而二，二而一。气也是道家和道教共同使用的范畴，但各自赋予的内涵不一样。在道家理论中，气相当于质料因和动力因，用来解释天人总体。在道教哲学中，气虽从属于道，但却是神仙界和人间界的神秘联系。道教所说的气，具有精神的意涵，不限于解释人，也涉及仙。道教学者常常把精、气、神相提并论。在道教哲学中，气不再有质料因和动力因等意思。气有神秘性质，顺向展开就成为人，逆向展开就成为仙。这就是道教炼丹术的理论依据。道教所炼的丹，无论是外丹还是内丹，都是试图对气的走向从顺向改为逆向，使凡人转变为神仙。

道家倡导的是一种哲学的世界观，而道教倡导的是一种宗教的世界观。道家眼中的世界，乃是一个世界；道教所描述的世界，具有二重化的结构，被区分为此岸与彼岸。此岸是凡人生活的世界，是一个有缺陷的、不完满的、短暂的世界。在此岸之上，还存在一个更高的彼岸，那是神仙生活的世界，是一个没有缺陷的、完满的、永恒的世界，构成凡人的终极价值目标、精神安顿之所。基于二重化的宗教世界观，道教把中国固有的神话传说和佛教的一些说法综合起来，把道和气等观念形象化、人格化，编造出一套复杂的诸神谱系。道教尊奉的最高神灵是三清。一是元始天尊，又称玉清大帝；二是灵宝天尊，又称太上大道君、上清大帝；三是道德天尊，又称太上老君、混元老君、降生天尊、太清大帝。仅次于三清的四位神灵叫作四御。一是玉皇大帝，为总执天道之神；二是中天紫微北极大帝，为协助玉皇执掌天经地纬、日月星辰、四时交替之神；三是勾陈上宫天皇上帝，协助玉皇执掌南北极与天地人三才，统御诸星辰并主持人间兵革之事；四是后土皇地祇，为执掌阴阳生育万物之美、造就山河大地之秀的女神。也有以南极长生大帝、北极紫微大帝、天皇大帝、后土皇地祇为四御的。除了三清四御之外，还有诸天帝、日月星辰、四方之神、三官大帝等神灵。在神灵之外，还有神仙，这是道教神系的一大特色。神仙中既有上古传说中的人物，也有后人羽化成仙的人物。比较著名的神仙有赤松子、彭祖、广成子、容成公、黄帝、王乔、西王母、东王公、玄女、安期生、三茅真君、阴长生、王玄甫、八仙等。在道教的神系中，还有一些俗神。俗神是流传于民间的神祇，是一些专门的保护神，主要有雷公、门神、灶君、财神、土地、城隍、药王、瘟神、蚕神、文昌、关帝、妈祖等。

道教虽然是在佛教影响下出现的，但毕竟是本土宗教，因而具有鲜明的中国特色。相对于印度佛教来说，道教特色体现在选择了自我超越的路向，把凡人同神仙紧紧联系在一起，强调整体主义。在佛教中，由此岸到彼岸必须经由佛祖的点化，选择外在超越的路向；在道教中，由此岸到彼岸关键在于改变气走向，这完全取决于个人的努力。无论此岸中的凡人，还是彼岸中的神仙，其实都是气的体现者。只要用心修道、炼气，就可以由凡人变为神仙，由此岸进入彼岸。这意味着，人自身就具有成为神仙的内在根据，从人到神仙的超越，不是外在的超越，而是自我超越。能否实现这种超越，取决于人自己的努力，而不是祈求外力的拯救。用道教的话说，叫作"我命在我，不属于天"[1]。道教把气、人和神联系在一起，顺则为人，逆则成仙。修行者只要设法改变气的运行方向，就可以长生久视，就可以肉身成仙。道教不像佛教那样断然否定此岸的价值，而在一定程度上承认此岸的合理性。成仙同成佛不一样，与其说是对人生的否定，毋宁说是人的自我提升。在道教的诸神谱系中，神仙大都是由人变成的，在他们身上仍旧保留着鲜明的个性特征，同没有个性的佛迥然不同。在道教中，此岸与彼岸之间没有不可逾越的鸿沟。人羡慕神仙，通过修行想方设法成为神仙；反过来说，有些神仙还羡慕人，愿意下凡为人。牛郎织女的故事以文学的方式表达了神仙羡慕凡人的意向。

五、三教并立

公元589年，隋朝灭陈后，结束长达近四百年的分裂状

---

[1] （宋）张君房编，李永晟点校：《云笈七签》，北京：中华书局，2003年版，第2044页。

态，再次统一中国。隋朝也没有逃脱"二世而亡"的厄运，迅速被唐朝所取代。唐朝才是中国真正的统一者。自唐朝以后，统一便成为中国的大趋势。除了朝代更迭出现过短暂的分裂外，继唐而起的宋、元、明、清基本处在统一状态。三教并立的格局，最终形成于唐代，这同唐代的特殊语境有关。

第一，儒家的君尊臣卑观念为中央集权制提供了理论基础。任何皇帝统一中国、站稳脚跟之后，为了巩固自己的统治地位，都会扶植儒家作为政治哲学，唐朝也不例外。李世民即位后，做了一件重要事情，就是重振经学学统，恢复开科取士。贞观四年，李世民诏前中书侍郎颜师古考订《周易》《尚书》《毛诗》《礼记》《左传》等文献，"颁于天下，命学者习焉"。贞观十二年，李世民诏国子监祭酒孔颖达与诸儒撰定《五经正义》，此书编成后，太宗诏令国子监以此为规范教材。此书经多次增损裁定后，于唐高宗永徽四年颁行全国，作为官方的经学课本。永徽五年，唐高宗下诏"依此考试"。李世民恢复科举制度，采用官定的经学为教材。当他在考场看到进士们鱼贯而出的情形，十分得意，慨叹道："天下英雄入吾彀中矣！"[1] 彀是古代用来装箭的囊，比喻人才尽在朝廷掌握之中。由于皇帝的大

---

[1] （五代）王定保著，陶绍清校证：《唐摭言校证》，北京：中华书局，2021年版，第9页。

力扶植，经学得以重光。不过，经学的主导权仅限于政治哲学领域，至于其他领域，并没有优势可言，不像汉代那样辉煌。唐代没有采取"罢黜百家，独尊儒术"的国策，允许儒、释、道同时存在，遂形成三教并立的格局。

第二，武则天登上皇帝宝座，为中国佛教宗派得势提供难得的机遇。女人当皇帝自然不会喜欢标榜男尊女卑的儒家，中国佛教宗派理所当然地获得了发展的好时机。武则天下令全国广修寺庙，而且规格很高。寺庙仿造皇宫制式，金碧辉煌。她用自己的胭脂钱修建洛阳石刻，其中卢舍那佛的造像最大，照着武则天的面容塑造。武则天请和尚到宫廷里讲学，华严宗的实际创始人法藏便是常客。他由于讲学有功，被赐号"贤首"。禅宗的实际创始人慧能也得到朝廷约请，但因故没有成行。在朝廷的扶植下，中国佛教宗派得到长足的发展。

第三，唐朝皇帝姓李，认老子为同宗，道家和道教由此受到优待，也获得发展的机遇。道家的创始人老子名叫老聃，又称李耳，被唐高宗追封为"太上玄元皇帝"，又被唐玄宗加尊号为"大圣祖玄元皇帝"和"圣祖大道玄元皇帝"，地位比孔子还高。道家虽没有成为政治哲学，但也在养生领域占得优势。在佛教的刺激下，从道家学说中发展出道教，同佛教分庭抗礼。

唐代佛道二教从培育超越性讲起，却以讲整体性而告终。中国佛教宗派认为此岸和彼岸犹如一条河的两岸，谁也离不开谁。道教承神仙与众人为两界，但以一气相通。人可以羽化成仙，仙也可以下凡为人。从超越性讲到整体性，进而从整体性讲到内在性，顺理成章。沿着这条路，宋明理学问世了。宋明理学的出现，宣布三教并立格局终结，儒家在意识形态中重操牛耳，把佛道二教挤到后排。

六、文本多元

中国哲学在展开期所涉及的主要文本分为三类。

第一类是儒学。主要是十三经，其中，《周易》被视为第一经典，放在第一部。第二部是《尚书》，含《今文尚书》和《古文尚书》两种版本。第三部是《诗经》。第四部是《周礼》，第五部是《仪礼》，第六部是《礼记》，合称"三礼"。"三礼"在先秦典籍中得不到印证，在出土文物中也找不到证据，有可能是汉儒编写的。第七部是《春秋左氏传》，第八部是《春秋公羊传》，第九部是《春秋谷梁传》，合称"三传"，都是传述《春秋经》的。第十部是《孝经》，托名孔子，实则为汉儒编写。第十一部是《尔雅》，托名周公，实则是汉儒在前人基础上编写的字典，非出于一时一人之手。第十二部是《论语》。第十三部是《孟子》。除了十三经以外，王充的《论衡》影响也很大。

第二类是玄学家文本。玄学所依据的不是十三经，而是"三玄"，即《周易》《老子》《庄子》。"三玄"之中，道家著作有二，表明玄学家特别重视道家思想资源的开发。在整理道家文献方面，玄学家是有贡献的，通行本《老子》和《庄子》都是经他们整理而流传至今的。"三玄"虽然不包括《论语》，但玄学家对该书是非常重视的，比如何晏著有《论语集解》，王弼著有《论语释疑》。如何对孔学与老学加以比较，也是玄学家经常谈到的话题。实际上，《论语》也是玄学的一种主要文本。

第三类是佛教和道教的文本。佛教所依据的文本，自然是佛经。把外来佛经翻译成中国文字，是中国僧人完成的一项大工程。最有名的佛经翻译家有三位。一位是法显（约337—约422）。他西行穿越戈壁滩，到达北、西、中、东天竺；南渡泛海，经狮子国（今斯里兰卡），东渡印度洋，到耶婆提国（今印度尼西亚的爪哇），游历30多个国家，带回大量梵文佛经，将其中一部分译成中文。一位是鸠摩罗什（344—413）。他是西域龟兹国（今新疆库车一带）人，被姚兴迎至长安后主持译经，参与译经者800余人，将大量佛经译成中文。再一位就是玄奘（602或600—664）。他西行求法，扬名印度，带回大量佛经，译出大小乘经论75部，共1335卷。中国僧人翻译佛经，也是一种再创造的过程，其中不可避免地存在着"误读"；而这种"误读"恰恰是一种另类的创新，表明中国僧人对佛教有独到理解。中国僧人对于佛经并不是照着讲的，而是接着讲，并且讲出了中国特色。中国僧人编写的经论最有影响的是两部：一部是托名马鸣和尚的《大乘起信论》，何人所作，不得而知；另一部是慧能编写的《坛经》。佛教学者把所有能搜集的经、律、论编成一部庞大的丛书，叫作"佛藏"。

道教的文本主要来自道家。在道教中，《老子》改称《道德真经》，《庄子》改称《南华真经》。为了同佛教抗衡，道教也编纂了"道藏"，分为"三洞四辅"。洞真、洞玄、洞神为"三洞"，太清、太平、太玄、正一为"四辅"。道教的文本皆收在"道藏"中。

上述文本就是我们研究中国古代哲学展开期所依据的思想材料。这些材料向我们展示出中国古代哲学展开期的基本格局。大体而言，第一个出场的是经学，儒学上升为官方哲学。第二个出场的是玄学，以道家为主要资源，可以看成新道家。第三个出场的是佛教，引起对超越性的关注。第四个出场的是道教，其实是道家的宗教形态，也可视为广义的道家。因此，把展开期的中国古代哲学概括为三教并立，符合当时的实际情况。

〔原题《论三教并立——中国古代哲学展开期脉络》，见《江西社会科学》2024 年第 1 期。〕

张载朱熹王夫之气学合论

在中国哲学史上，关于气的源头，可以追溯到先秦时期。先秦哲学家通常把气当成质料范畴，率先把气当成本体范畴的哲学家，北宋张载当为第一人。南宋理学家朱熹则把气从本体地位拉下来，又变回从属于理的质料范畴，另立天理本体。清初哲学家王夫之继承和发展张载的气学思想，吸收朱熹思想中的合理因素，建构新气学，达到新的理论深度。本文试对三位哲学家的理论贡献做出中肯的评判。

一、张载：气本体论

真正有建树的哲学家，都是一些善于把握时代脉搏的人。张载就是这样的哲学家。他敏锐地觉察到北宋儒学再度复兴的新形势，理所当然地成为宋明理学思潮的开创者之一。他被后世理学家称为"北宋五子"之一，与周敦颐、邵雍、程颢、程颐齐名。

张载之前，中国哲学史生态正如耶律楚材所描述，已经形成儒释道三教并用的格局。儒家仅在政治领域占据优势，叫作"以儒治国"。无论汉族人当皇帝，还是少数民族人当皇帝，都必须采用儒家的治国方略，借以维护手中的权力。在养生领域，道家或道教占据优势，叫作"以道治身"。古代的中医大夫通常都与道家或道教有千丝万缕的联系。在精神领域，佛教占据优势，叫作"以佛治心"。人们大都在佛教中求得精神慰藉。三教并用的格局在北宋年间开始有了变化。儒家不甘心偏安一隅，开始向养生领域、精神领域进军。在养生领域，道家或道教不再一家独大，因为闯进来一种新的行当，叫作"儒医"。一些落第的儒生，不再挤科举这座独木桥，开始悬壶济世，治病救人，选择行医为自己的职业。他们的学养背景，不再是道家或道教，而是儒家，故被人们称作儒医。理学家憧憬"绿满窗前草不除"的境界，也十分看重养生之道。这样的新儒学足以治身。在精神领域，佛教独占优势的风光不再，理学家构想的理世界"极好至善"，足以为人们提供精神上的安身立命之地，已逐渐把佛教挤到后排。宋明理学作为一种新儒学，不再仅限于治国，还兼有治身、治心的功能。从北宋开始，三教逐渐归一，儒学再度复兴，全面主导话语权。

佛教与儒家的差异，实际是两种思路的分歧。佛教以外在超越为特征，对人生价值持否定态度。按照佛教的看法，人生是诸多苦难的集合。人生在世，免不了四苦，即生、老、病、死；扩而言之，在四苦之外加上爱别离、怨憎会、求不得、五阴炽盛等四苦，衍成八苦；极而言之，乃至有上百种之多。"茫茫苦海，回头是岸。"岸在哪里？就在人生的对面，佛教称为彼岸。彼岸是佛的世界，那里才算终极价值目标。与彼岸相对，人所生活的世界叫作此岸，乃是不值得留恋的地方。人要想脱离此岸，自己无能为力，必须仰仗佛祖的点拨开示，才能到达极乐世界。这就是佛教的外在超越说。这里所说的"超越"，不是事实判断，而是价值判断，就是"价值实现"的意思。佛教外在超越的思路以"两个世界"的世界观为前提。佛教认为，此岸没有价值，佛教称为"染"；彼岸才具有终极价值，佛教称为"净"。佛教外在超越思路也以虚无主义为特色，视此岸为虚幻世界，视彼岸为真实世界。佛教把本体叫作"真如"，强调本体不在此岸，而在彼岸。

在包括儒家在内的中国固有思想资源中，没有佛教那种外在超越思路，哲学家一般都选择内在超越思路。按照内在超越思路，中国固有哲学充分肯定人生价值，坚信人性中有善的一面，有自我超越的能力，不需要任何外力的帮助。在中国固有哲学视野中，世界是真实的，并且只有一个；既无所谓此岸，也无所谓彼岸。所谓超越，不需要否定现实世界，在现实世界中即能实现自我完善。这种超越是内在的，而不是外在的。

两种不同的思路此消彼长,佛教外在超越思路一度占据上风。东汉末年,刘氏政权即将瓦解,依附于刘氏政权的经学愈益衰微,从而为佛教的发展提供可乘之机。佛教一度在中国掌控精神领域的话语权,但最终还是败下阵来。佛教的外在超越思路可以在中国兴盛于一时,不能永久兴盛。具有丰厚文化积淀的中国人迟早要放弃外在超越思路,重新回到内在超越轨道。中国人即便皈依佛教,骨子里还是不能割舍原有的思路,只不过把内在超越化作潜意识而已。在中国,尽管佛教的势力一度很大,但中国毕竟没有被佛教化,佛教反而被中国化。中国僧人往往自觉或不自觉地把佛教的宗旨从外在超越思路拉到内在超越轨道。这是"佛教中国化"的题中应有之义。

在中国诸多佛教宗派里,致力于中国化的宗派当数华严宗和禅宗。华严宗提出"四法界"理论,努力化解此岸与彼岸的对立,显示出中国人对佛教的独到理解。华严宗把此岸叫作"事法界",把彼岸叫作"理法界",二者之间构成"理事无碍法界"。所谓"无碍"是"圆融无碍"的简语,意思是二者是一个整体的两个方面,并非水火不容。由二者构成的世界,是一个和谐的整体,叫作"事事无碍法界"。按照华严宗的"四法界"理论,真如不可能单独存在,本体就在万事万物之中,确保着世界的整体性。所谓此岸或彼岸,乃是相对而言,不过是整体世界的两个方面而已,并非了不相关。有如同一条河,倘若没有此岸,也无所谓彼岸；反之亦然。华严宗特别强调世界的整体性，用法藏的话说，叫作"一即一切，一切即一"。禅宗也认为，佛性作为本体，不可以外在于事事物物。因此，成佛的关键不在于做多少功课，而在于顿悟。"前念迷即凡夫，后念悟即佛。"(《坛经·般若品》) 凡夫与佛的区别，仅在一念之差。《坛经》质问："东方人造罪，念佛求生西方；西方人造罪，念佛求生何国？"(《坛经·疑问品》) 要想成佛而一味外求，那将陷入"恶的无限性"，不会有任何结果；所以，必须放弃外求路线，选择内在路线。禅宗使用的是佛教术语，表达的却是"内自省""内自讼"的诉求。他们的基本思路不是外在超越，而是内在超越。华严宗和禅宗已经在佛教内部做足了功课，离突破外在超越思路只差一步之遥了。遗憾的是，他们碍于和尚的身份，不可能明确地否认彼岸世界，不可能明确地认同此岸的真实性。这关键的一步，只能由佛教外的学者迈出，此人就是北宋开理学思潮之先河的张载。

张载认识到，儒家必须在本体论层面同佛教展开对话，才能夺回话语权。以往儒家在同佛教的较量中之所以败下阵来，原因就在于没有讲透儒家本体论。张载从中国传统哲学中找到气，建立了气本体论学说。他指出，世界本体不是佛教所说的真如或佛性，而是气。在张载那里，气不再是质料，而是本体，因为气贯穿整个世界。他强调"太虚即气","太虚无形,气之本体"[1]。气有两种状态,一种是可见的气,有生有灭,就是我们接触到的实际事物,张载称之为"客形";一种是不可见的气,发散在太虚中,不生不灭,张载称之为"无形"。气的两种状态是统一的:"客感客形与无感无形,惟尽性者一之。"[2] 气可以从"无形"转变成"客形",也可以从"客形"复归于"无形"。打个比方说,气好像水,液态的水可以结成固体的冰,但不影响水的本体性质;气好像树干,贯穿整个大树。离开树干,大树就不成其为大树;离开气,世界也不成其为世界。

基于气本体论,张载拒斥佛教的虚无主义,重新彰显儒家的入世主义。佛教有此岸彼岸之分,认为此岸虚幻,彼岸真实;而在儒家理论体系中,世界只有一个,并且永远是真实的,没有此岸彼岸之分。张载认为,世界的真实性恰恰由气本体担保。换句话说,任何怀疑世界真实性的理论都是站不住脚的。张载拒斥虚无主义,也拒斥出世主义。站在儒家立场上,张载不再像佛教那样低吟"人生是苦"的悲调,而是开始高唱人的赞歌。气本体既是世界真实性的依据,也是人的精神寄托之所。人顶天立地,襄助万物,负有崇高的责任感和使命感。作为儒者,应该"为天地立心,为

---

[1]（宋）张载:《张载集》,北京:中华书局,1978年版,第7页。
[2]（宋）张载:《张载集》,第7页。

生民立命，为往圣继绝学，为万世开太平"[1]。"天地"指世界总体，"心"就是确立气本体论观念；"立命"就是使人的行为有所遵循，体现人格价值；"继绝学"就是开发传统资源，复归固有思路；"开太平"就是对未来有所期许，确立价值取向。按照这种态度，做人挺好，做圣人更好。既然世界只有一个，儒家入世主义就是唯一的选择，根本无处可去。换句话说，佛教出世主义没有可行性。

张载的气本体论可以为世界的真实性提供本体论证明，却不能为儒家伦理提供本体论证明。张载在主观上认同儒家伦理，无奈儒家伦理同气本体论并不兼容。在价值意义上，气是中立的，既不能引申出善，也不能引申出恶。理与气不同，本身就含有价值意味。理有"应该""当然"等意思。我们平时说"理所当然""理直气壮""心安理得"等等，都表示价值判断。由于张载气学没有完成对儒家伦理的本体论证明，只能有待于其他理学家。发端于宋代的新儒学思潮总称为"宋明理学"，而非"宋明气学"，这充分说明张载气学不占主导地位。

二、朱熹：气质料论

朱熹和张载一样，也认为本体是不可见的。不过，朱

---

[1]（宋）张载：《张载集》，第320页。

熹认定的本体不是气，而是天理。同现实世界相比，天理世界也是逻辑地在先，高于现实世界。他说："未有天地之先，毕竟也只是理。有此理便有此天地，若无此理，便亦无天地，无人无物。"（《朱子语类》卷一）他强调天理的至上性、超越性、终极性，以理作为解释现实世界的本体论依据。在天地万物生成过程中，理是先决条件和当然基础。他说："天下之物，皆实理之所为，故必得是理，然后有是物。"（《中庸章句》第二十五章）尽管朱熹承认天理对于事物具有逻辑上的在先性，但并不承认天理具有时间意义上的在先性，更不承认天理具有空间意义上的在上性，因而与佛教的"真如说"有原则区别。朱熹同张载一样，坚持"一个世界"的世界观，拒斥佛教"两个世界"的世界观。在朱子理学中，天理只是逻辑在先，事实上与现实世界同在。"理在事先"与"理在事中"并不矛盾。理一旦体现为具体事物，便不再与具体事物相外在，而转化为具体事物的内在本质，叫作"性即理也"。他说："宇宙之间，一理而已。天得之而为天，地得之而为地，而凡生于天地之间者，又各得之以为性。"（《朱文公文集》卷七十）人作为万物中之一物，也不例外。"未有形气，浑然天理，未有降付，故只谓之理；已有形气，是理降而在人，具于形气之中，方谓之性。"（《朱子语类》卷五）这个理，一方面是指物理，即每一种具体事物的本质；另一方面又是指伦理，即三纲五常等儒家道德规范。这样，朱熹就完成了对儒家伦理的本体论证明。

基于理本体论，朱熹拒斥佛教的虚无主义。他指出，佛教所说的空，完全脱离现实世界，好像没有任何东西的空桶；而理学所说的理，与现实世界同在。理有如盛满清澈透明之水的水桶，看上去似乎是空桶，其实是实有。真如否定现实世界，而理本体肯定现实世界。他的结论是："释氏只见得个皮壳，里面许多道理，他却不见。他皆以君臣父子为幻妄。"（《朱子语类》卷九十四）同张载一样，朱熹放弃佛教出世主义，皈依儒家入世主义。

由于朱熹对现实世界持肯定态度，他在解释现实世界时就不能不引入气范畴。设置本体用不着气，解释世界却少不了气。在朱熹哲学体系中，气作为质料，不可或缺。他把气比作"理的挂搭处"：在气的襄助下，理才由天理世界降付到现实世界。在本体论方面，朱熹是一元论者；在如何解释世界的问题上，朱熹却是理气二元论者。朱熹清楚地意识到，仅靠理并不能解释世界。"若理，则只是个净洁空阔底世界，无形迹，他却不会造作。""理却无情意，无计度，无造作。"（《朱子语类》卷一）理没有能动性，无法解释现实世界；必须引入具有能动性的气，才说得通。"盖气则能凝结造作。……且如天地间，人物草木禽兽，其生也莫不有种，定不会无种子，白地生出一个物事，这个都是气。"（《朱子语类》卷一）"若气不结聚时，理亦无所附着。"（《朱子语类》卷一）"理是虚底物事，无那气质，则此理无安顿处。"(《朱子语类》卷七十四)在现实世界中,气和理同等重要;任何事物都是理和气的结合。

至于理与气的关系,则是:理在先,气在后;理无生灭,气有生灭;理属"形上",气属"形下"。他说:"天地之间,有理有气。理也者,形而上之道也,生物之本也;气也者,形而下之器也,生物之具也。"(《朱文公文集》卷五十八)从逻辑的意义上说,理在气先;但从事实上说,理气相依不离,"天下未有无理之气,亦未有无气之理"(《朱子语类》卷一)。就具体事物而言,理与气紧密结合在一起,并无先后之分。朱熹以骑手骑在马背上比喻理气关系。骑手骑在马背上,方能称为骑手;如果离开马,就不称其为骑手了。理和气有如车之两轮、鸟之两翼,缺一不可。当然,朱熹只在质料意义上认同气,而始终没有放弃理本论立场。他说:"自下推而上去,五行只是二气,二气又只是一个理;自上推而下来,只是此一个理,万物分之以为体。万物之中,又各具一理,所谓'乾道变化,各正性命',然总又只是一个理。"(《朱子语类》卷九十四)气从属于理本体,但毕竟是事物存在的必要条件。尽管他说了一句"理生气",至于理如何生气,并未作详细说明。在朱熹看来,人们只能借助气,才能体认理。朱熹用理表示对价值理性的尊重,用气表示对工具理性的尊重。

出于对工具理性的尊重,朱熹实事求是地看待现实世界的形成。他猜想:"天地初间,只是阴阳之气,这一个气运行,磨来磨去,磨得急了,便拶许多查(同渣)滓,里面无处出,便结成个地在中央。气之清者,便为天、为日月、为星辰,只在外,常周环运转,地便只在中央不动,不是在下。""造化之运如磨,上面常转而不止。万物之生,以磨中撒出,有粗有细,自是不齐。"(《朱子语类》卷一)他对自然界变化做了细致的观察。他说:"五峰所谓'一气大息,震荡无垠,海宇变动,山勃川湮,人物消尽,旧迹大灭,是谓洪荒之世'。常见高山有螺蚌壳,或生石中,此石即旧日之土,螺蚌即水中之物,下者却变而为高,柔者变而为刚。"(《朱子语类》卷九十四)他从对古化石的观察中,得出自然界是发展变化的结论,充满了科学精神。然而,旋即他便抛弃了这种科学精神。在社会政治领域,他所维护的天理,便是永恒不变的常道,声言"君臣父子,定位不易,事之常也"(《朱文公文集》卷十四),"三纲五常,终变不得"(《朱子语类》卷十五)。他把儒家伦理说成"放之四海而皆准,并行万世而不悖"的教条,同董仲舒、二程一样,也犯了把"必然的规律"同"当然的准则"混为一谈的错误。

出于对工具理性的尊重,朱熹主张泛观博览,多读书,不断地增加知识总量。他甚至认为,"一事不知,乃儒者之耻",主张贯彻格物致知的路线。所谓格物致知,意思就是事中求理,把现实事物当作认识的起点。他说:"上而无极太极,下而至于一草一木一昆虫之微,亦各有理。一书不读,则阙了一书道理;一事不穷,则阙了一事道理;一物不格,则阙了一物道理。须著逐一件与他理会过。"(《朱子语类》卷十五)朱熹很重视读书,他为白鹿洞书院制定的学规,第一条就是"博学之"。读书就是吸收前人的认识成果,在前人的基础上,进一步探索,力求弄懂自然界这本大书。他以手不释卷的好学形象,为人们树立起学习的榜样。

出于对工具理性的尊重,他弘扬中国哲学重行务实的传统,重新解释知行关系。朱熹的前辈二程曾提出"知先行后"的命题,他作为传承人,自然不便反驳,但巧妙地把重行理念融入其中。他认为,二程的"先",仅指逻辑在先,不妨碍知行在现实生活中的统一。他分析说:"致知力行,论其先后,固当以致知为先;然论其轻重,则当以力行为重。"(《朱文公文集》卷十五)知固然是行的前提,可是最终还得落实在行上。受到行检验的知,才算真知。朱熹力图纠正二程割裂知行关系的偏向,强调"知行相须""知行并进互发"。他说:"知行常相须,如目无足不行,足无目不见。"(《朱子语类》卷九)他把知行关系比作眼睛和双脚的关系。离开眼睛,双脚不知道向哪里走;没有双脚,眼睛无法达到要去的地方。由此可见,二者相互联系,"并进互发",缺一不可。"致知力行,用功不可偏,偏过一边,则一边受病。"(《朱子语类》卷九)朱熹没有否认知的超前性,但认定知终究要受到行的限制,围着行转。可是,人在处理知行关系时，不是倒向致知这一边，就是倒向力行这一边。有如扶醉汉一样，不是倒向西，就是倒向东。与二程相比较，朱熹已经悄悄地把重点移向了行这一边。

在理本体论前提下，朱熹高度重视气的质料意涵，沿承中国哲学务实传统，对后世中国学术发展形成积极影响。之后的学人接纳新知识，往往以朱熹格物致知说为理论依据。近代中国人曾一度把物理学译为"格致学"，就是明证。朱熹气学为王夫之解构天理世界、直面现实世界提供了桥梁。

三、王夫之：气具体论

王夫之认同张载的气学，为张载《正蒙》作注，写出《张子正蒙注》一书，不愧是气学的集大成者。他在《自题墓石》中写道："抱刘越石之孤愤，而命无从致；希张横渠之正学，而力不能企。"在他眼里，张载的气学才是"正学"，其他理学家皆不足观。不过，由于彼此语境不同，王夫之只接着张载讲，而不照着张载讲。他的讲法有独到之处，成一家之言。他对张载气学做了去本体化处理，不再倡言不可见的气的本然样态，而只关注可见的、气的实然样态，即具体事物。

王夫之所处的语境，同张载有明显不同。张载生活在北宋儒学抬头、理学初创的和平时期，其思想体现了那个时代的思维特点。北宋儒家学者针对佛教真如本体论，必须建构儒学本体论。张载面临的理论任务是：如何证明现实世界的真实性？如何走出虚无主义？他把重点放在不可见的气本体上，而对于现实世界中可见的气有所忽略。王夫之生活在明末清初天崩地解、改朝换代的战乱时期，不得不放弃本体论思维方式而另辟蹊径。明清之际的儒家学者无暇思考深奥的本体论问题，必须面对残酷的现实。摆在他们面前的首要任务是：如何总结明亡的教训？如何走出理学的阴影？他们大都参加过反清复明的斗争，切身体认到以虚学为特征的理学应该负有学理上的责任。对于王学末流，他们更是深恶痛绝。虚学造就出一批"平时袖手谈心性，临危一死报君王"的腐儒，只会在方寸之心上做文章，沉湎在虚幻的精神世界之中，以至于远离现实世界，依靠他们，焉能抵挡来自北方的虎狼之兵？大明王朝焉能不亡？王夫之希望把人们从空谈心性的迷梦中唤醒，变"穷理尽性"为"经世致用"。他不再关注所谓做人的道理，而更为关注做事的道理，把儒家实践观推向高峰。他关注的重点，不是不可见的气，而是作为质料的可见的气，遂高高举起了实学大旗。

王夫之对理本体和心本体论都做了解构。他指出，在现实世界当中，只有具体存在物，没有抽象的存在物，用不着抽象的天理来当本体。由此可见，朱熹的"理生气""理在气先"之说，皆是不能成立的。王夫之说："理，即是气之理；气当得如此，便是理。理不先，而气不后。……若论气，本然之体，则未有几时，固有诚也。……惟本有此一实之体，自然成理。"（《读四书大全说》）王夫之取消了理的本体论地位，强调"气外更无虚托孤立之理"。他既不认同程朱的"理先气后说"，也不认同陆王"心外无物说"，因为心无法解释现实世界。现实世界不可能存在于心之内，只能存在于心之外。

王夫之没有专门解构张载的气本体论，但不再论及不可见的、本然的气，而仅用气指谓现实事物的总和。现实事物由气构成，都是可见的、具体的。他把现实世界中存在的气，称为"器"。他说："天下惟器而已矣。道者器之道，器者不可谓之道之器也。"（《周易外传》卷五）在这段论述中，"天下"是对世界总体的称谓，"器"是对具体存在物的称谓。这个"惟"字具有排他性，否定一切本体论学说。现实世界就是各种具体存在物的总和，并且只有一个，故称之为"惟"。在他那里，张载哲学中"本体"与"客形"之间的矛盾被化解了，二重化倾向被排除了。从"天下惟器"的命题中，可以引申出这样的结论：世界上只有具体的存在物，没有抽象的存在物；一般不可能脱离个别而单独存在。

"天下惟器说"是王夫之对张载气学的重大发展。他强调，不仅现实事物是具体的，关于事物的道或理也是具体的。他说："道者，物所众著而共由者也。物之所著，惟其有可见之实也。物之所由,惟其有可循之恒也。既盈两间而无不可见,盈两间而无不可循,故盈两间皆道也。"(《周易外传》卷五)道或理只能体现在现实事物之间,不可以外在于事物。换句话说,道或理永远从属于器,道在后,器在先。王夫之举例说,没有弓箭,就没有射箭之道;没有马车,就没有驾车之道;没有礼器和乐器,就没有礼乐之道;没有儿子,就没有父道;没有弟弟,就没有兄道。总而言之,道或理存在于器物之中。他说:"统一此物,形而上则谓之道,形而下则谓之器,无非一阴一阳之和而成,尽器则道在其中矣。"(《思问录·内篇》)他由此得出结论:"据器而道存,离器而道毁。"(《周易外传》卷二)从"天下惟器论"出发,王夫之不认同朱熹对道器关系所作的"形上"与"形下"的划分。他对《易传》中"形而上者谓之道,形而下者谓之器"之说有独到的理解:"上下无殊畛,而道器无易体。"(《周易外传》卷五)在他看来,"形上"与"形下"相对而言,没有不可逾越的鸿沟,正是"形"把二者统一起来。到王夫之这里,真正把气学讲到了实处。

在知行观方面,王夫之在朱熹重行务实的基础上再进一步,坚决把行摆在首要位置。在朱熹那里,尚有价值理性和工具理性的纠葛,尚有先验论和经验论的纠葛;而在王夫之这里,已没有类似的纠葛。王夫之只认同工具理性,拒谈价值理性;只认同经验论,拒谈先验论。王夫之作为儒者，当然不反对做人的学问，但更看重做事的学问。他对理学家、心学家空谈心性表示不满，主张做人做事二者兼顾。他的哲学主要是做事的学问。

出于做事的诉求，王夫之把实践范畴引入知行观。在中国哲学史上，也许王夫之是第一个使用"实践"术语的人。他在《张子正蒙注·至当篇》中写道："知之尽，则实践之而已。实践之，乃心所素知，行焉皆顺，故乐莫大焉。"按照他的理解，人具有认识客观世界的能力，也具有改造客观世界的能力。这种能力是在实践中磨炼出来的。他说："耳有聪，目有明，心思有睿智，入天下之声色而研其理者，人之道也。"（《读四书大全说》卷七）又说："已生以后，人既有权也，能自取而自用也。"（《尚书引义·太甲二》）王夫之视域中的"实践"，当然不可能上升到社会实践的高度，而主要是指个人的行为。但这种行为是广义的，包括人的所有行为，同孟子所说的"践形"不同。践形是狭义的，主要指道德践履。理学家所说的"行"，也是这个意思，不包括办事能力。王夫之的"实践"与践形说不同，强调实践就得干实事，就得讲究经世致用，就得勇于改造人生和社会，而不能仅仅在心性上做工夫。在他看来，这才是儒学的真精神。王夫之从"天下惟器说"引申出实践说，表明其理论思维水准达到了新的高度。他基本上摆脱了先验论的困扰，比较彻底地贯彻了经验论原则。

出于做事的诉求，王夫之提出二程"知先行后说"的反命题，大力倡导"行先知后说"。他大概是中国哲学史上明确倡导"行先知后说"的第一人。在理学家那里，知行关系主要是价值论的话题，只讲究做人的学问；在王夫之这里，知行关系主要考察人与世界之间的认识关系，不再纠缠于人与世界之间的价值关系，更重视做事的本事。在他的哲学思考中，知行关系真正变成了一个知识论的话题。他只从工具理性的角度研究知行关系问题，舍弃了价值理性的角度。他比较全面地阐述了知与行之间的辩证统一关系，与理学家截然不同。王夫之也不认同心性家的知行关系学说，认为他们犯了过度价值化的错误，企图用"良知"取代"认知"。

为什么说"行先知后"呢？他提出的理由主要有三：

第一，行是知的基础。王夫之主张"行可兼知，而知不可兼行"（《尚书引义》卷三），并以吃东西为例说："饮之食之，而味乃知。"（《四书训义》卷二）由此可见，行在先，知在后，而不能反过来说。在人的认识过程中，"行而后知有道"（《思问录·内篇》）。人们只有以行为基础，不断地积累经验，才能逐渐形成规律性的认识，即所谓知。显然，知来源于行，知离不开行，行比知具有更高的品格。他说："且夫知也者，固以行为功者也；行也者，不以知为功者也。行焉可以得知之效也，知焉未可以得行之效也。"（《尚书引义》卷三）

第二，"行"是衡量是否掌握真知的唯一尺度。王夫之主张"知必以行为功"(《尚书引义》卷三),并以学习下棋为例,说明高手之所以为高手,关键在于行。要想成为下棋高手,必须同棋艺高超的人对弈,通过下棋实战的磨炼,掌握"谱中谱外之理"。倘若学棋者只是整天价死抠棋谱,而不去同别人对弈,他哪里会懂得"尽达杀活之机"?(《读四书大全说》卷一)换句话说,行是获得真知的唯一途径;知是否为真,只能在行中得到检验。王夫之视域中的真知,乃是指有效果的知,乃是建立在工具理性上的知,同价值理性毫不相干。

第三,知与行既有区别又有联系,构成辩证统一关系。王夫之从朱熹的"知行相须说"进一步衍生出"知行相资为用"的论断。他说:"知行相资以为用,惟其各有致功,而亦各有其效,故相资以互用,则于其相互,益知其必分矣。同者不相为用,资于异者乃和同而起动,此定理也。"(《礼记章句》卷三十一)按照"知行相资为用说",王夫之不认同王阳明的"知行合一说"。王阳明认为,知和行之间不存在着原则差别,"一念发动处便即是行"。而在王夫之看来,这种说法已陷入"销行以归知"(《尚书引义》卷三)的误区。不能否认知和行还是有差别的,正因为有差别,才可以"相资以为用"。在"相资为用"的过程中,人由不知到知,由浅层次的知到深层次的知,"日进于高明而不穷"(《思问录·内篇》)。

王夫之对知行观的诠释,已达到中国古代哲学所可能达到的深度，可惜藏于深山无人识，因为历史没有给他以做事的机会。他居住在偏远的瑶族集聚地，身着瑶装，写出大量著作，除了少数刊印外，大部分没有出版，更谈不上什么社会影响了。直到近代中国，才有机会公开出版。

综上所述，张载、朱熹、王夫之的气学理论刚好构成了正、反、合关系。张载突出气的本体论意涵，却忽略了气的质料意涵，可谓正题；朱熹否定气的本体论地位，另倡理本体论，却认同气的质料意涵，可谓反题；王夫之对气做了去本体化处理，在质料意义上彰显中国哲学务实传统，可谓是合题。他的著作虽长期湮没在历史长河中，但终于在近代中国找到知音，引起共鸣。他对工具理性和经验的阐释，为近代先进中国人所认同，成为他们接纳新知识的哲学基础。

〔见《孔子研究》2022年第6期。〕

康有为：近代哲学突破者

通常在中国哲学史教科书里，都设有"康有为的哲学思想"一章。我不同意这种处理方式。康有为可以称为改革家、政治家，很难称为哲学家。在他那里，哲学只是副业，尚不成熟，还不能算是哲学家。我不认为康有为是哲学家，但不否认他的确有哲学思考，开启了近代中国哲学史的新篇章。

一、新人的发现

康有为的第一个理论贡献，在于发现新人。康有为是戊戌维新运动的领袖，也是在人性观中引入近代元素的第一人。他在中国近代思想史上，率先开启构建新人学的风气。从改造中国传统元气说出发，他建构起了一种新的人生哲学，被他的学生梁启超称为"博爱哲学"。康有为从博爱哲学的视角看待人性问题，对于"人"的认识，有了新的进展。

康有为对人性的考察，以进化论为出发点。他不再谈论抽象的人，转而关注现实的人，从而突破了古代哲学中抽象人性论的藩篱，对人自身有了新的认识。从进化论的角度看，人也是生物学意义上的一个类别。他说："万物之生，皆本于元气。人于元气中但动物之一种耳。"[1]在他看来，"人是动物"，这是一个无可争辩的事实。只能从这个事实出发，探讨人性问题。以往的哲学家脱离了这个事实，抽象地谈论人性善或人性恶，都不被康有为认同。他指出，从"人是动物"的角度看，人性无非具有自然属性，既无所谓善，亦无所谓恶。他说："人性之自然，食色也，是无待于学也；人情之自然，喜、怒、哀、乐无节也，是不待学也。""人禀阴阳之气而生也，能食味、别声、被色，质为之也。"[2]

依据自然人性论，康有为直截了当地肯定人欲的合理性和正当性，向存理禁欲的理欲观发起了冲击。他宣称："人生而有欲，天之性哉！"[3] 对人的欲求，"不能禁而去

---

[1] （清）康有为著，陈得媛、李传印评注：《大同书》，北京：华夏出版社，2002年版，第287页。
[2] （清）康有为撰，姜义华编校：《康有为全集》，上海：上海古籍出版社，1987年版，第1卷，第178、173页。
[3] （清）康有为著，陈得媛、李传印评注：《大同书》，第55页。

之，只有因而行之"[1]。康有为认为，正是由于人生而有欲，要不断地"求乐免苦"，不断地为满足欲望而努力奋斗，社会历史才会得以前进。所谓"人道"，也就是"以求乐免苦而已，无它道矣"[2]。而"道不离人，故圣人一切皆因人情以为教"[3]。在他看来，一切伦理道德、政治教化不应当成为压制人自然属性的工具，而应当成为帮助人"求乐免苦"的工具。他将人欲提高到了前所未有的高度，大力倡导具有现实色彩的新人格，而不再推崇传统儒学中灭绝人欲、不食人间烟火的"君子"。他的"求乐免苦说"，闪耀着人道主义的光辉，体现出近代人的精神诉求。

从现实的、自然的人性论出发，康有为突破了正统的人学观念，不再论证人的依附性，转而强调人的主体性，努力凸显个人的价值和尊严。在儒家正统观念中，人被视为封建伦理大网上的纽结，康有为突破了这种根深蒂固的人伦观念，转而将人视为有个性的具体存在。康有为认为，从人的天性来说，同是视听，同是食味、别声、被色，故人人平等，这就将近代的平等观念引入了自己的学说中。

依据进化论，康有为既承认人具有同动物一样的自然属性，也承认人具有高于动物的特性。这种特性在于，人

---

[1] （清）康有为著，楼宇烈编：《孟子微·中庸注·礼运注》，北京：中华书局，1987年版，第251页。

[2] （清）康有为著，陈得媛、李传印评注：《大同书》，第6页。

[3] （清）康有为著，楼宇烈编：《孟子微·中庸注·礼运注》，第263页。

能够自觉地体现世界的普遍联系，体现出博爱之德。在进化论的基础上，他对人为贵、人性善等儒家正统观念表示认同。他说："人在天地中，为万物之至灵，可以参赞天地"，"超然贵于万物"[1]。同正统儒家人性论相比较，康有为关于人性的看法，独到之处在于，不再以"仁"为核心，而是以"智"为核心。正统儒家人性论认为，在五常中，仁为核心，仁统义、礼、智、信；康有为则认为，"智"才是人的本质规定性。"既乃知人道之异于禽兽者，全在智。……夫约以人而言，有智而后仁、义、礼、信有所呈，而义、礼、信、智之所为，亦以成其仁，故仁与智所以成终成始者也。"（《内外篇·仁智篇》）从他对"智"的重视中反映出，他不再像古代哲学家那样，从泛道德主义的角度赞美人性，而是从近代理性主义的角度赞美人性，把人性看成智力发展的结果。

康有为把"以元为本"的本体论，引申到人学方面，得出"以仁为本"的结论。所谓"仁"就是"不忍人之心"，由此出发，他提出"重仁而爱人"的博爱哲学。康有为认为，天性平等的人，都有不忍人之心——仁。他对"仁"这一儒家核心范畴做了改造，赋予其体现时代精神的

---

[1] （清）康有为著，楼宇烈编：《孟子微·中庸注·礼运注》，第255—256页。

新意。他说:"仁者,在天为生生之理,在人为博爱之德。"[1] 并说:"仁,从二人,人道相偶,有吸引之意,即爱力也,……而道本于身,施由亲始,故爱亲最大焉。……盖仁者无所不爱,而行之不能无断限。"[2] 他不否认爱有差等,但是他以历史进化论的观点来看待社会的发展,认为随着社会的发展,"爱有差等"将会被"爱无差等"所取代。他指出,人类社会按照据乱之世、升平之世、太平之世的级次,不断发展进化,文明程度将越来越高。"据乱世"是"亲亲"的时代,人们之间不平等;到了"升平世",进入"仁民"的时代,人与人之间逐渐平等;到了"太平世",也就真正实现了爱无差等,达到了仁的最高阶段。"太平之世,人人平等,无有臣妾奴隶,无有君主统领,无有教主教皇,孔子所谓'见群龙无首'天下治之世也"[3],"人类既平等之后,大仁益益矣"[4]。康有为通过对"爱无差等"的新解释,表达了近代新式学人的平等、博爱诉求。他的博爱哲学是针对封建主义的等级观念而发的,具有启蒙的意义。梁启超对其师的博爱哲学十分推崇,他说:"先生之哲学,博爱派哲学也,先生之论理以'仁'

---

[1] (清)康有为著,楼宇烈编:《孟子微·中庸注·礼运注》,第208页。
[2] (清)康有为著,楼宇烈编:《孟子微·中庸注·礼运注》,第208—209页。
[3] (清)康有为著,陈得媛、李传印评注:《大同书》,第334页。
[4] (清)康有为著,陈得媛、李传印评注:《大同书》,第337页。

字为唯一之宗旨,以为世界之所以生,众生之所以出,家国之所以存,礼义之所以起,无一不本于仁,苟无爱力,则乾坤应时而灭矣。……故先生之论政论学,皆发于不忍人之心。人人有不忍人之心,则其救国救天下也,欲已而不能自已。……其哲学之大本,盖在于是。"[1]

二、世界的解释

康有为的第二个理论贡献,在于解释客观世界。在传统哲学天人合一的思维模式中,世界无所谓"客观",并未成为单独的研究对象。康有为改变了这种情况。他"合经子之奥言,探儒佛之微旨,参中西之新理,穷天人之赜变"[2],把中外两种思想资源综合起来,创立了有近代色彩的元学本体论学说,对世界的客观存在给出一种哲学理由。

康有为的元学是接着中国古代哲学的元气论讲的,但不是照着讲的,因为他讲出了新意,实现了本体论转型,故笔者称其学说为"元学本体论",以便同古代的元气论区别开来。康有为有时也使用元气范畴,但更多使用的则是

---

[1] 夏晓虹编:《梁启超文选》,北京:中国广播电视出版社,1992年版,上册,第304—305页。
[2] (清)康有为:《康南海自编年谱》,《戊戌变法》第4册,上海:神州国光社,1953年版,第117页。

一个"元"字,而将"气"隐去不提。他的理论特色,在于凸显一个"元"字,而不是"气"字,称他为"元学本体论者",符合他的思想实际。"元"是康有为哲学体系中最高、最基本的范畴,它是宇宙的本原、万物的本体,同时又是康有为思想体系的基石。

在中国传统哲学中,大多数哲学家使用元气范畴,是从宇宙论的意义上讲的,而不是从本体论的意义上讲的。他们通常把元气看成是宇宙的源头,将之描述为混沌未分、没有差别性、只有统一性的原初状态。对于千差万别的宇宙万物来说,元气具有时间上的在先性,故而元气亦可有多种称谓。《老子》中的"一"、《易传》中的"太极"、《庄子》中的"太初"、《淮南子》中的"有始者"、《白虎通义》中的"太素"等等,其实都是对元气的称谓,都强调元气在宇宙万物之先。总的来看,元气论是古代哲学家关于万物起源的天才猜测,并没有被作为解释世界的本体论理念。

康有为接受了来自西方的进化论,同时也选择了主客二分的哲学思维模式。他对元气范畴作了近代化改造,将其由猜想万物由来的宇宙论范畴,改造为解释世界现状、把握总体联系的本体论范畴。他仍旧承认宇宙万物都是由"气"产生的,但是,他试图将所掌握的进化论思想、自然科学以及西方近代哲学的自然观充实于其中。古代的元气论认为,万物皆由混沌未分的元气产生,可是,如何产生,并没有中间过渡环节，仿佛一下子就跳过来了。康有为从进化论受到启发，试图用康德等人提出的星云说把过渡环节补上。他说："德之韩图（指康德），法之立拉士（指拉普拉斯）发星云之说，谓各天体创成以前，是朦胧之瓦斯体，浮游于宇宙之间，其分子互相引集，是谓星云。"他认为由气形成万物，那是一个缓慢的进化过程："夫天之始，吾不得而知也。若积气而成为天，摩励之久，热、重之力生矣，光、电生矣，原质变化而成焉，于是生日，日生地，地生物。"[1] 在这里，康有为将宇宙视为被解释的客体，并且同进化论结合在一起，融入近代物理学提供的新知识，显然比古代的元气论更具有解释力。

在中国传统哲学中，"元"和"气"就是一个东西，一般都是合在一起讲的，不涉及"元"和"气"之间的关系问题。在康有为这里，"元"与"气"的关系却成了复杂的问题。一方面，他承认"元"与"气"有联系，强调"'元者，气之始也'，无形以始，有形以生，造起天地万物之始，元气、知气、精气，皆理之至。盖盈天下皆气而已"[2]。在这里，"元"是宇宙产生之根源，而"气"为由"元"而生的宇宙之初始状态的意味。另一方面，"元"与

---

[1] （清）康有为撰，姜义华编校：《康有为全集》，第1卷，第195—196页。

[2] （清）康有为著，楼宇烈编：《孟子微·中庸注·礼运注》，第40页。

"气"是有区别的,只有"元"才具有本体论意涵。他认为,"元"为体,而"气"为用。他说:"其道以元为体,以阴阳为用,理皆有阴阳,则气之有冷热,力之有拒吸,质之有凝流,形之有方圆,光之有白黑,声之有清浊,体之有雌雄,神之有魂魄,以此八统物理焉,以诸天界、诸星界、地界、身界、魂界、血轮界,统世界焉。"[1] 经过这样的解释,"元"便成为表征本体的哲学范畴。他认为,对于万物的起源来说,可以设想"气"有时间上的在先性;而对于"元",却不可以设想时间上的在先性,只能设想逻辑上的在先性。"元"与宇宙万物同在,构成了各种事物之间本质的、普遍的、有机的联系。他由此得出的结论是:"元者,为万物之本。"[2] "元"既然同"气"有联系,当然就不可避免地具有物质的规定性。不过,康有为没有强调"元"的物质规定性,而是强调"元气""知气""精气"等概念与"太极""太一"都是同一范畴。在他看来,这些不同的说法都是一个意思,即天地万物赖以存在的本体。他说:"太一者,太极也,即元也,无形以起,有形以分,造起天地,天地之始。《易》所谓'乾元统天'者也。"[3] 康有为不再像古代哲学家那样看重"气"在时间

---

[1] (清)康有为:《康南海自编年谱》,《戊戌变法》第4册,第117页。
[2] (清)康有为撰,姜义华编校:《康有为全集》,第2卷,第795页。
[3] (清)康有为著,楼宇烈编:《孟子微·中庸注·礼运注》,第259页。

上的在先性,而特别看重"元"在逻辑上的在先性。由于他没有明确地赋予"元"物质的规定性或精神的规定性,很难把他归结为唯物主义者或唯心主义者。

康有为建构的元学,是一种以进化论为基础的本体论学说。第一,按照进化论的说法,世界不是神的创造物,而是自然而然的客观的进化过程。那么,世界客观性的本体论依据是什么?康有为认为就是"元"。"元"为世界的客观性提供了本体论担保。第二,按照进化论的说法,世界是进化发展的,可是,进化总得借助载体表现出来,因此必须预设某种"东西"在进化。康有为认为,这个"东西"亦可称为"元"。"元"就是进化的载体。第三,按照进化论的说法,世界是一个有机的整体,看起来千差万别的事物,其实都处在由低级到高级进化大过程中的小阶段,都是相互联系的。那么,促成事物普遍联系的本体论依据是什么?康有为认为就是"元"。"元"把世界上各种事物联系为一个有机的整体。总的来看,康有为的元学,是同进化论紧密结合在一起的。他用元学本体论改造古代哲学中的元气论,为推动中国哲学的近代转化做出了努力。康有为的元学本体论也存在着明显的缺陷。例如,他有时为了突出"元"的本体论地位,将"元"称作"魂质"。他说:"夫浩浩元气,造起天地。天者一物之魂质也,人者亦一物之魂质也,虽形有大小,而其分浩气于太元,挹涓滴于大海，无以异也。"[1] 这就陷入了神秘主义的误区，偏离了科学性原则。

在中国传统哲学中，元气在价值上是中立的。大多数哲学家通常把元气说成宇宙万物的源头，却不把元气说成是价值的源头。在如何看待价值源头的问题上，有些哲学家将其归结于天，如孟子；有些哲学家将其归结于理，如宋明理学家。康有为的元学与此不同，他把"元"既视为世界万物的本体论依据，也视为价值的本体论依据。他试图从元学本体论出发，讲出一种哲学人类学。

在康有为看来，"元"不仅是宇宙万物（包括人类）产生的根源，而且还是宇宙和万物发展变化的根源。他说："天地阴阳，四时鬼神，皆元之分转变化万物资始也。"[2] 又说："孔子系万物而统之元以立其一，又散元以为天地、阴阳、五行与人，以之共十，而后万物生焉。"[3] 由"散元"而产生天地万物，包括天地、阴阳、五行、人与鬼神，它们都从"元"分转变化而来，又同归于"元"。在这里，康有为以"元"概括自己的全部学说，认为"元"是宇宙的本原，万物之始，由于"元"的分转变化，产生出天地万物，乃至人类。"万物之生皆本于元气，人于元气中，但

---

[1] （清）康有为著，陈得媛、李传印评注：《大同书》，第7页。
[2] （清）康有为著，楼宇烈编：《孟子微·中庸注·礼运注》，第259页。
[3] （清）康有为撰，姜义华编校：《康有为全集》，第2卷，第797页。

动物之一种耳。"[1] 总之，世界上的一切事物和现象都可以用"元"来概括和解释。

康有为既认为"元"是天地万物的根本，也认为"元"是人的根本。他指出："元为万物之本，人与天同本于元，犹波涛与沤同起于海，人与天实同起也。然天地自元而分别为有形象之物矣。人之性命虽变化于天道，实不知几经百千万变化而来，其神气之本，由于元。溯其未分，则在天地之前矣。"[2] 他把人看作是天地万物当中的一物，"天地者，生之本，万物分天地之气而生，人处万物之中，得天地之一分焉"[3]。基于这种判断，他把话题由解释世界转向解释价值。在他看来，仁德、博爱等具有普适性的价值理念，完全可以通过"元"本体得到合理的解释，不必再像古代哲学家那样，到天或理中寻求价值的依据。他从"元"作为普遍联系的本体论规定中，引申出儒家一向倡导的仁爱诉求。他说："凡众生繁殖皆吾同气也，必思仁而爱之，使一民一物得其所焉。"[4] 从儒家的仁爱观念出发，他又导引出有时代特色的博爱诉求。他说："人道所以合群，所以能太平者，以其本有爱质而扩充之，因以裁成天道，

---

[1]（清）康有为著，陈得媛、李传印评注：《大同书》，第337页。
[2]（清）康有为撰，姜义华校校：《康有为全集》，第2卷，第798页。
[3]（清）康有为著，楼宇烈编：《孟子微·中庸注·礼运注》，第191页。
[4]（清）康有为著，楼宇烈编：《孟子微·中庸注·礼运注》，第206页。

辅相天宜，而止于至善，极于大同，乃能大众得其乐利。"[1] 康有为没有放弃儒家有宗法色彩的仁爱诉求，但更重视表征人类性的博爱诉求。

康有为一方面以"元"为本体，以"元"释"仁"，另一方面又以"仁"释"元"，从而为他的三世说及大同社会的理想奠定理论基础。他指出："仁者，在天为生生之理，在人为博爱之德。"[2] 他强调，"一切仁政，皆从不忍之心生，为万化之海，为一切根，为一切源。一核而成参天之树，一滴而成大海之水，人道之仁爱，人道之文明，人道之进化，至于太平大同，皆从此出"[3] "仁"不仅是天地万物产生的根源，而且是人道文明、人道进化以及大同世界产生的根源。另外，康有为用人之"不忍人之心"来解释作为宇宙万物之本原的"元"，从而把物和我等同起来，这本身就高扬了人的价值，强调了人在宇宙中的地位，透露出一股"舍我其谁"的豪迈气魄和"敢为天下先"的担当意识，为推动变法维新找到了理论支撑。

康有为的元学本体之所以要把解释的范围拓展到价值领域，有两方面的原因。第一，同他接受进化论的影响有关。按照进化论学说，世界总是由低级向高级进化，人类

---

[1]（清）康有为著，陈得媛、李传印评注：《大同书》，第285页。
[2]（清）康有为著，楼宇烈编：《孟子微·中庸注·礼运注》，第208页。
[3]（清）康有为著，楼宇烈编：《孟子微·中庸注·礼运注》，第9页。

社会亦是如此。在这里，所谓"低级""高级"，其实已经超出了事实判断的范围，涉入价值判断领域。康有为是一位乐观主义的进化论者，相信人类社会将变得越来越好，最终达到世界大同的理想状态。第二，同他沿袭儒家的性善论有关。进化论固然有价值判断的意味，但是从进化论中并不能引申出博爱的价值诉求。按照进化论的说法，物竞天择，适者生存，留良汰劣，无善恶可言。一些西方哲学家从进化论中非但没有引申出博爱哲学，反倒引申出弱肉强食的霸道哲学——社会达尔文主义。康有为之所以要把进化论讲成博爱哲学，不能从进化论中得到解释，只能从他相信儒家性善论中得到解释。当康有为解释世界时，采用主客二分的哲学思维模式；而当他解释价值时，又回到天人合一的哲学思维模式。不过，他的天人合一的观念同古代哲学家是有区别的：古代哲学家在道德论的意义上倡导天人合一，将其描绘为圣人拥有的高尚的、理想的精神境界；康有为在进化目的论的意义上倡导天人合一，将其描绘为人类社会未来发展的大方向。

总的来看，康有为是中国近代第一个把进化论以及近代自然科学知识吸取到哲学思想中来的思想家。他提出了"元"的本体论观念，并赋予其时代意义，奠定了中国近代本体论发展的方向。康有为的哲学思想脱胎于中国古代哲学，对西方近代思想虽然有过接触，但是不多亦不深。所以，客体世界在他那里还没有完全具有近代的形态，还有很深的传统印迹。尽管如此，他毕竟朝世界观近代转化迈出了第一步。

三、社会的构想

康有为的第三个理论贡献，在于构想新的社会模式。他率先把"进化""发展"等新观念引入历史观中，突破了循环论的旧思路，提出"三世进化说"，构想新的社会模式，从而确立了中国近代哲学的基本方向。

康有为"三世进化说"中的"三世"二字，不是舶来品，而是来自中国传统哲学。具体地说，来自东汉公羊学家何休。按照《春秋公羊传》的说法，孔子在《春秋》上所记载的二百四十二年历史事实，存在着三种情形。第一种是孔子亲身经历或亲眼看到的事情，叫作"所见之世"；第二种是孔子听当事人或亲见者介绍的事情，叫作"所闻之世"；第三种是孔子听别人说而说者也未经历或亲见的事情，叫作"所传闻之世"。何休在为《春秋公羊传》作注时，把"三世"连缀成为一种历史观。他解释说："所见者，谓昭定哀，己与父时事也；所闻者，谓文宣成襄，王父时事也；所传闻者，谓隐桓庄闵僖，高祖曾祖时事也。……于所传闻之世，见治起于衰乱之中，用心尚粗糙，故内其国而外诸夏……；于所闻之世，见治升平，内诸夏而外夷狄……；至所见之世，著治太平，夷狄进至于爵，天下远近小大若一……。所以三世者，礼为父母三年，为祖父母期，为曾祖父母齐衰三月，立爱自亲始，故《春秋》据哀录隐，上治祖祢。"（《春秋公羊传解诂·隐公元年》）何休大胆地猜想，"三世"的划分，可能寓有孔子的微言大义："所传闻之世"表征孔子心目中的衰乱世，"所闻之世"表征孔子心目中的升平世，"所见之世"表征孔子心目中的太平世。至于为什么如此说，他并未作任何论证。何休所表述的"公羊三世"历史观，合理内核在于以公羊学的方式阐述了变易观念，强调历史是一个永恒的演化过程，不可能一成不变；而局限性在于，仍落入循环论的俗套，无非是说，历史的演化跳不出由治到乱、再由乱到治的怪圈。这种历史观没有明确地给出进化或发展理念，只不过是关于历史进程的一种猜测而已。

公羊三世历史观无疑对康有为有启发，可是他并没有照着这种历史观讲。倘若"照着讲"，他就讲不出"进化"或"发展"之类的新观念。在历史观方面，康有为的进化观念，主要来自他对时代精神的感悟。面对中国屡屡战败、民族危机日益加深的现实，他强烈地感受到：落后必然挨打，谋求进化与发展才是中国唯一的出路。正是出于这种感悟，当他接触到来自西方建立在近代科学基础上的进化论学说时，自然会发生强烈的共鸣，并且立即表示认同。在中国哲学史上，他第一次把进化或发展的观念引入历史观中。可是，他要把这种观念表述出来、推广开来，必须在学理上找到一个支点。他选定的支点，就是公羊三世说。他利用公羊三世的思想形式，表达了进化史观的内容。

在何休三世说的基础上，康有为进一步指出："世有三：曰乱世，曰升平世，曰太平世。必拨乱世，反之正，升于平世，而后能仁。盖太平世行大同之政，乃为大仁，小康之世犹未也。"[1]康有为把《春秋公羊传》中的"三世"观念与《礼记·礼运》中所说的"大同""小康"观念结合起来，认为"所传闻世为据乱，所闻世托升平，所见世托太平"[2]。经过这样的解释，他的"三世进化说"便摆脱了《公羊传》中的治乱循环往复思路，强调从"据乱世"到"升平世"（小康社会），进而到"太平世"（大同社会），是一个层级递进的进化过程，并且将此进化过程视为人类社会历史发展的普遍规律。按照康有为的说法，后一阶段都高于前一阶段，而不会再出现太平世返回据乱世的情形。

康有为把人类社会进化的动力，归结为两点：一是人有求乐免苦的本能，二是人有"不忍人之心"。他认为，求乐免苦乃是人的本性，"普天之下，有生之徒，皆以求乐免

---

[1]（清）康有为著，楼宇烈整理：《论语注》，北京：中华书局，1984年版，第195页。

[2]（清）康有为著，楼宇烈整理：《春秋董氏学》，北京：中华书局，1990年版，第28页。

苦而已，无它道矣"[1]。评判社会制度良善的程度，就看其是否符合人的这种本性，"能令生人乐益加乐，苦益少苦者，是进化者也，其道善；其于生人乐无所加而苦尤甚者，是退化者也，其道不善"[2]。他不但肯定了人欲的正当性，而且以能否满足人们求乐免苦的欲望，作为评价社会制度是否进步的标准。社会进化的动力，一方面来自每个社会成员求乐免苦的欲望，另一方面也来自所有社会成员对于群体的关切。基于此，康有为表示赞同孟子"人皆有不忍人之心"的说法。如前文所述，他认为，"不忍人之心"——"仁"是"一切根，一切源"，是人"可以为善"的根基。历史的进化，正是由"不忍之心"的不断扩充所致。"一切仁政，皆从不忍之心生……一核而成参天之树，一滴而成大海之水。人道之仁爱，人道之文明，人道之进化，至于太平大同，皆从此出。"[3] 不断推扩仁爱之心，就能使人类社会由野蛮进化到文明，最后达到大同世界。由此可见，康有为把人类历史进化的可能性，一方面建立在人的感性欲望动机上，另一方面建立在抽象的人性假设的基础之上。

康有为提出"三世进化"学说，目的在于建构理想的

---

[1]（清）康有为著，陈得媛、李传印评注：《大同书》，第6页。
[2]（清）康有为著，陈得媛、李传印评注：《大同书》，第293页。
[3]（清）康有为著，楼宇烈编：《孟子微·中庸注·礼运注》，第9页。

社会模式，为变法维新提供理论支持。他明确表示："三世之义立，则以进化之理，释经世之志。"[1] 他把人类社会政治制度的沿革，与"三世进化说"联系起来，证明变法维新势在必行。他指出，在据乱世，"以君为一国之主"，应当实行君主制；而到了升平世，则"政在大夫，盖君主立宪"[2]，应当实行君主立宪制；到了太平世，君主立宪制也将被废除，"贬天子"行共和就可以了。换句话说，君主立宪制取代君主专制、共和制取代君主立宪制乃是历史进化的大趋势。康有为认为，当时中国正处在由据乱世到升平世的转变中，顺应这一历史趋势，就要实行君主立宪制度，取代君主专制制度。

康有为依据"三世进化说"的"进化"新观念，构想出他心目中的理想社会模式，即大同之世，描绘出人类社会发展进化的美好前景。

大同观念是儒家构想的。《礼记·礼运》写道："大道之行也，天下为公。选贤与能，讲信修睦。故人不独亲其亲，不独子其子，使老有所终，壮有所用，幼有所长，矜寡孤独废疾者，皆有所养。男有分，女有归。货恶其弃于地也，不必藏于己；力恶其不出于身也，不必为己。是故

---

[1]（清）梁启超：《饮冰室合集》，第7册，北京：中华书局，1989年版，第99页。

[2]（清）康有为著，楼宇烈整理：《论语注》，第250页。

谋闭而不兴，盗窃乱贼而不作，故外户而不闭。是谓大同。"有的论者认为这里是对中国古代原始共产主义社会的历史回忆，有的论者认为这里是在虚构空想社会主义的乌托邦，恐怕都是误解。其实，这里讲的是道德意义上或价值意义上的社会理想，并非某种社会制度。如果说是乌托邦的话，那么，讲的是道德意义上的乌托邦，并非制度意义上的乌托邦。大同说的主旨在于倡导合群的价值观念，并非在设计制度模式，因此是围绕着价值理想展开论述的。第一句话讲的不是所有制问题，倡导群体意识至上，不赞成把个体意识摆在首位；第二句话讲的是社会群体的价值导向问题，倡导社会和谐；第三句话和第四句话讲的是所有社会成员对社会群体应该抱有的态度，强调的是社会成员对于社会群体应有的奉献精神；第五句话是对理想社会图景的描述，人人都具有高尚人格，精神文明高度发达，关心他人、关心社会群体蔚然成风，人际关系高度和谐，完全消灭争斗、盗窃等丑恶的社会现象。这是在自然经济条件下，人们可以想象得到的一幅美好的社会图景，并没有同社会的发展程度联系在一起。

康有为接受传统的大同理念，但依据进化史观作了新的解释，提出了新的大同理念。对于大同的思考，可以说康有为投入了毕生的精力。在他早年的著作《礼运注》和《人类公理》中，新的大同理念已具雏形了；戊戌变法以后流亡海外，又反复加以斟酌、修改和补充，直到1913年，才在《不忍》杂志上发变《大同书》的甲、乙两部分。1935年,他去世已经八年,弟子们才出版了全书。《大同书》由甲、乙、丙、丁、戊、己、庚、辛、壬、癸等十部分组成,对大同之世作了极其详尽的描述。康有为指出,进入大同之世的途径就是破除九界:去国界合大地,去级界平民族,去种界同人类,去形界保独立,去家界为天民,去产界公生业,去乱界治太平,去类界爱众生,去苦界至极乐。

康有为的大同理念与传统的大同理念有很大差异。第一,传统的大同理念,建立在变易史观的基础上,只论及道德文明的理想状态,不谈物质文明和政治文明的发达程度;康有为的大同理念,则建立在进化史观的基础上,把大同之世描述为一个物质文明、精神文明皆高度发达的理想社会。按照他的想象,在大同之世,国家已经消亡,民族已经消亡,甚至家庭已经消亡。那时人与人之间没有贵贱尊卑之分,一律平等。民主制度得到普遍实行,世袭制被取消,从元首到各级官员都是由选举产生的。康有为心目中的大同之世,实质上是一种理想化的近代民主社会。在这里,他把平等、民主、博爱等近代理念,注入大同理想之中,对于消解封建社会中人身依附的等级观念有积极意义。第二,传统的大同理念,把远古时代理想化,没有体现出历史主义的诉求;康有为的大同理念,则是对人类社会未来的展望,贯彻了历史主义原则。他坚信,人类社会经过若干年的发展，一定会走向大同之世，走向理想的社会模式。

综上所述，尽管康有为不是哲学家，但不能否认他有自己的哲学思考。他思考的哲学问题有三：一、新人是什么？二、世界是什么？三、社会是什么？对于这些全局性问题，他给出了自己的答案。在他的影响下，谭嗣同、梁启超、章太炎、孙中山等一批思想家涌现出来，对于三个问题给出形形色色的答案。显然，他们都是接着康有为讲的，并不是照着讲的。至于他们的具体讲法，只好俟诸另文了。

〔原题《康有为与近代哲学的突破》，见《燕山大学学报（哲学社会科学版）》2020年第3期。〕

孙中山：别开生面先行者

众所周知，孙中山是职业的革命家，并不是职业的哲学家。尽管如此，他在哲学上的贡献还是有目共睹的，不愧为有创意的思想家。对于孙中山来说，无论是中国固有哲学，还是西方哲学，都是可资利用的思想材料而已，都不可以照着讲，只能接着讲，并且讲出体现时代精神的新意来。我们不能把他归结为中国传统哲学的某一家，也不能归结为西方哲学中的某一派。孙中山就是他自己：一位民主革命的先行者，一位有创意的思想家。他为中国近代思想界添加了诸多新内容。

一、从动态到进化

孙中山为近代中国思想界添加的最主要的内容是建构进化宇宙论。他接着传统讲，同时又突破了传统，跨入近代的门槛。这是孙中山的第一点哲学创意。

在中国传统哲学中，动态宇宙观占主导地位。大多数哲学家认为，宇宙处在动态的变化过程中。《周易·乾卦·象传》说："天行健，君子以自强不息。"这里把"健"看成宇宙的显著特征。孔子站在河畔，大发感慨："逝者如斯夫，不舍昼夜！"（《论语·子罕》）老子说："人法地，地法天，天法道，道法自然。"（《老子》第二十五章）庄子认为，一切事物皆处在"化"中，无所谓生死。旧物的消失，也就意味着新物的生成。儒道两家在别的问题上有分歧，在动态宇宙观方面没有分歧。可惜，传统的动态宇宙观没有"向度"观念，只承认"化"，至于怎么"化"，则语焉不详。人们往往用"天下大势，分久必合，合久必分"来修饰"化"，有落入循环论窠臼之嫌。随着西方进化论的传播，进化、发展、进步、低级、高级、激进、落后等新名词从日本传入汉语世界，改变了中国人的观念，中国人逐渐接受了"向度"意识。是否有"向度"意识，正是动态宇宙观与进化宇宙观的分水岭。

把传统的动态宇宙观同西方进化论结合起来，打破循环论的怪圈，这是孙中山在哲学上的独到见解。应当承认，传统的动态宇宙观仍然是孙中山的思想底色。不过，他没有受底色的制约，而是将其提升到近代先进中国人所能达到的高度，即把进化理解为宇宙的本体。在他的视域中，所谓进化，已不再是达尔文式的生物演化规律，而是整个宇宙所遵循的一般规律。他并不笼统地讲进化，而是进化阶段论者。他把宇宙进化过程划分为三个阶段，强调每个阶段所遵循的具体规律各自不同，不能用低级阶段规律解释高级阶段的现象。

第一个阶段是物质进化时期。他说："元始之时，太极（自注：此用以译西名'以太'也）动而生电子，电子凝而成元素，元素合而成物质，物质聚而成地球，此世界进化之第一时期也。今太空诸天体多尚在此期进化之中。而物质之进化，以成地球为目的。"[1]"太极"原本是中国传统哲学的古老范畴，是关于宇宙本原的一种猜测。"太"是"无加乎其上"的意思，"极"是"到达顶点"的意思。由于中国哲学没有形成解释世界的传统，大多数哲学家只是使用这个范畴，并未展开加以解释。孙中山接受了"太极"这一古老范畴，利用他掌握的科学知识做出新的解释。他认为，所谓太极，与"以太"异名同实，与电子、元素、物质、地球等科学概念兼容。如果孙中山停留在这种解释上，他很可能成为唯物论者；但他无意于说明世界的物质性，而是强调世界进化的必然性。他坚信进化哲学，坚信进化就是第一原理。所谓进化，就是由低级向高级演化；反之，则叫作退化，而不能叫作进化。"照进化哲学，地球本来是气体，和太阳本是一体的，始初太阳和气体都是在空中，成一团星云，到太阳收缩的时候，分开许多气体，

---

[1]《孙中山选集》，北京：人民出版社，1981年版，第156页。

日久凝成液体,再由液体固结成石头。"[1] 物质进化是关于人类出现之前的状况的描述,"人类发生以前,土地已自然存在;人类消灭以后,土地必长此存留"[2],这是宇宙进化的初级阶段。

第二个阶段是物种进化时期。孙中山指出,随着生命现象的出现,宇宙进化开启第二个阶段。在这一阶段,宇宙进化的原点不再是以太,而是有生命特征的细胞。孙中山不喜欢用"细胞"这个词,代之以"生元",取"生命之原始"之意。他说:"由生元之始生而至于成人,则为第二期之进化。物种由微而显,由简而繁,本物竞天择之原则,经几许优胜劣败,生存淘汰,新陈代谢,千百万年,人类乃成。"[3] 又说:"极简单的动物,慢慢变成复杂的动物,以至于猩猩,更进而成人。"[4] 在这一阶段,"物竞天择,适者生存"的生物进化规律开始发挥作用,从而造就出物种的多样性。达尔文学说就是关于这一规律的科学证明。第二阶段之所以构成对第一阶段的超越,就在于生命现象的出现。孙中山之所以设定这一阶段,目的在于解释生命现象的起因。在他看来,尽管生命现象起源于物质现象,但不能归结为物质现象。生命现象可以归结为宇宙进化,

---

[1]《孙中山选集》,第693—694页。
[2]《孙中山全集》,北京:中华书局,1982年版,第1卷,第514页。
[3]《孙中山全集》,第1卷,第156页。
[4]《孙中山全集》,北京:中华书局,1986年版,第8卷,第316页。

却不能等同于物质现象。宇宙进化第二阶段的最高成果就是人类的出现。随着人类的出现，第二阶段也就终结了。第二阶段只能算作过渡的中间阶段。

第三个阶段是人类进化时期。他指出，由于人类的出现，开启了宇宙进化的最高阶段。正是人类的出现，进化的第二阶段才被超越了。绝不能套用生物进化规律解释人类精神现象，绝不能忽视人类进化规律的特殊性。只有人才是精神现象的载体。随着人类的出现，精神现象就出现了。他不认同庸俗唯物论者的看法，强调任何精神现象都不是物质的产物。"大脑分泌思想"的说法十分可笑。他也不认同社会达尔文主义的看法，反对把"适者生存"一类只适用于第二阶段的生物进化规律，硬搬到进化的高级阶段。这种弱肉强食的逻辑同样十分可笑。人类精神进化的原因只能在人自身寻找。他说："世界上仅有物质之体，而无精神之用者，必非人类。人类而失精神，则必非完全独立之人。虽现今科学进步，机器发明，或亦有制造之人，比生成之人，毫发无异者，然人之精神不能创造，终不得直谓之人。"[1] 他借用中国固有哲学的体用范畴说："在中国学者，亦恒言有体有用。何为体？即物质。何为用？即精神。譬如人之一身，五官百骸皆为体，属于物质；其能言语动作者，即为用，由人之精神为之。二者相辅，不可

---

[1]《孙中山全集》，北京：中华书局，1986年版，第6卷，第12页。

分离。"[1] 他不否认二者之间有联系，但不能把他归结为唯物论者，也不能归结为唯心论者。他只是坚定的进化论者。在第二阶段，实现了生物进化对物质进化的超越；在第三阶段，则实现了人类精神进化对生物进化的超越。任何停滞的论点都是站不住脚的。关于人类进化的特殊性，孙中山认为，至少可以概括为以下几点：

一是跳跃性，即常常出现后来居上的情形。人类精神进化与物种进化不同，不必受循序渐进规律的制约。在世界上，固然有的国家比较发达，有的国家比较落后，但不是一成不变的。落后国家一旦掌握了先进的科学和技术，完全可以赶超原来的发达国家。孙中山发明了一个新词，叫作"突驾"。他不认同改良派的渐进进化论，而是站在革命派的立场上，创造性地提出"突驾"进化论。他说："夫人类之进化，当然踵事增华，变本加厉，而后来居上也。"[2] 根据"突驾论"，他对中国革命事业充满必胜的信心，相信革命事业"顺乎天理，应乎人情，适乎世界之潮流，合乎人群之需要"，总有成功的那一天。中国不但可以"凌驾"日本之上，甚至可以"凌驾全球"。在马克思主义传入中国之前，孙中山的"突驾说"是指导中国人救亡图存的最有力的思想武器。

---

[1]《孙中山全集》，第6卷，第12页。
[2]《孙中山选集》，第160页。

二是互助性，避免发生弱肉强食的争斗。人类精神进化与物种进化不同，不必受个体之间物竞天择规律的制约。推动人类进化的力量是互助性。有的学者说，孙中山主张人类互助，乃是受了克鲁泡特金的影响，笔者不敢苟同。强调人类的互助性，并不是克氏的发现，中国古人早已注意到这一点。与其说孙中山受克氏的影响，毋宁说是受到中国传统哲学的影响。在中国传统哲学的视域中，人从来就不是像虎豹一样的个体，而是互相帮助结成的群体。孟子说"人性善"，就是相互帮助、与人为善的意思。荀子说"人能群"，也是强调相互帮助、结为群体的意思。人正是靠着群体的力量，才取得"最为天下贵"的地位。孙中山继承了中国哲学的优良传统，拒斥社会达尔文主义，倡导互助性，希望借助群体力量促进人类的精神进化。

三是主动性，有乐观向上的追求。人类精神进化与物种进化不同，不再被动地受"自然力"的摆布，而开始借助"人为力"主动参与进化过程。在孙中山眼里，"人为力"是人类特有的主动精神。在人类进化的过程中，必须发扬主动精神，百折不挠，勇往直前。他自己堪称表率。他曾经多次发动武装斗争，尽管屡屡失败，也毫不气馁。他表示："吾志所向，一往无前，愈挫愈奋，再接再厉。"[1]他所说的"愈挫愈奋"，正是自强不息的民族精神在近代的

---

[1]《孙中山选集》，第104页。

传承。他十分重视在人类进化过程中的精神因素，他说："夫国者人之积也，人者心之器也，而国事者，一人群心理之现象也。……吾心信其可行，则移山填海之难，终有成功之日；吾心信其不可行，则反掌折枝之易，亦无收效之期也。心之为用大矣哉！夫心也者，万事之本源也。满清之颠覆者，此心成之也；民国之建设者，此心败之也。"[1]他希望发挥精神的主动作用，促使革命事业早日成功。

孙中山不再是康有为之类的笼统进化论者，他已注意到进化的阶段性。他提出进化的三阶段理论，很有创新意义。他重视物质进化阶段，承认物质进化的本原性、基础性和普遍性，但没有把进化的原因全部归结为物质。他强调物种进化高于物质进化，处在第二阶段，从而同庸俗唯物论划清了界限。他强调人类精神进化高于物质进化，处在进化最高阶段，承认人类进化的特殊性，承认精神现象的特殊性，从而同庸俗进化论划清了界限。他拒斥社会达尔文主义，表达了先进中国人的进化观。他从传统的动态的宇宙观出发，引入西方的进化论学说，成功地解决了传统哲学中向度缺位的问题。孙中山的进化宇宙论强调人类发展过程的跳跃性、互助性和主动性，对于指导革命实践具有重要意义。他继承了传统哲学，也发展了传统哲学，为中国哲学的近代化做出了不可磨灭的贡献。

---

[1]《孙中山选集》，第105页。

二、从"知易行难"到"知难行易"

以进化宇宙观为基础,孙中山的第二点创意在于提出"知难行易论"。"知难行易"是中国传统哲学中"知易行难"的反命题。《古文尚书·说命中》有这样的记载,傅说对殷高宗武丁说:"非知之艰,行之惟艰。"《左传·昭公十年》也有类似记载,郑国大夫子皮对子羽说:"非知之实难,将在行之。"后人把这两者概括为一个命题,这就是"知易行难"。在传统哲学中,知和行都是狭义的。所谓知,仅指父慈子孝一类的价值判断,不是关于事实的判断,当然比较容易;所谓行,仅指躬行父慈子孝一类的道德实践,不包括人的其他行为。要想把躬行孝道完全变为自觉的行为,当然比较困难。从这里反映出,传统哲学有注重价值理性、轻视工具理性的倾向。老子把前者叫作"为道",把后者叫作"为学",主张"为学日益,为道日损"(《老子》第四十八章)。孟子把前者叫作"大体"之知,把后者叫作"小体"之知,重视价值理性,轻视工具理性,自不待言。张载把前者叫作"德性之知"或"天德良知",把后者叫作"闻见之知",认为前者同后者并无关联性,乃是良心的自我发现,同经验积累没有关系,盛称"德性所知,不萌于见闻"(《正蒙·大心》)。在"知易行难"观念的影响下,实用的知识并不被重视。在科场上屡屡落第的秀才李时珍,尽管写出巨著《本草纲目》，仍不为士林所敬重。在知识不发达的古代，知易行难说有助于理想人格的培养，故而受到重视；在科学昌明的近代，这种观念无助于实用知识的增长，显然已经落伍了。

针对"知易行难"的旧说法，孙中山提出"知难行易"的新观念。他对传统哲学的突破在于，改变了如何做人的诉求。传统哲学似乎只关心如何做一个道德高尚的人，对于如何做有某种特长的人并不在意。传统哲学似乎只有价值理性的诉求，而没有工具理性的诉求。孙中山显然改变了这种观念。他并不忽视如何做人的问题，但更看重如何做有某种专长的人。孙中山把现实中的人分为三种。一种是发明家，专门致力于知识的创造。他们是"先知先觉"的人。一种是鼓动家，专门致力于组织宣传，擅长于仿效，擅长于推广知识。他们是"后知后觉"的人。再一种是实行家，动手把知识落实到事实层面。他们是"不知不觉"的人。在孙中山那里，做人固然重要，做有某种专长的人更重要。他已经突破传统的价值观，开始向近代人的价值观转变。

对于孙中山来说，知行的内涵都已发生了变化。所谓"知"，不必局限在价值理性意义上，不再仅仅指伦理意识，而主要是指工具理性意义的知识。所谓"行"，不再是指道德践履，而是指人的一切实践活动。孙中山对行的新理解是："夫习练也，试验也，探索也，冒险也，之四事者，乃文明之动机也。"〔1〕他对"行"的理解，基本上已揭示出"实践"的内涵。首先，科学试验被涵盖在"行"的范围之内。他说："科学家之试验也，即行其所不知以致其所知也。"〔2〕试验是获取知识的唯一手段，孙中山称之为"必要门径"。知识的获得需要试验，知识的成果正确与否，也需要经过试验证明。只有"经过试验才晓得对不对"，孙中山所说的试验，不仅仅是在实验室中操作，在广阔的社会舞台上，同样需要试验。他把国家行政机关、政策和法律统称为"人为的机器"，主张在试验中逐步加以完善。其次，生产实践被涵盖在"行"的范围之内。孙中山把"生徒之习练"摆在四个门径的首位，表示他对生产实践足够重视。他指出，生产五谷、教民稼穑、钻木取火、筑长城、开运河、造船舶、建房屋、制陶器等等，无一不属于"行"。再次，革命实践被涵盖在"行"的范围之内。"行"作为一种革命实践，包含伟人杰士之冒险、铲除贪官污吏、清除政治腐败、救国救民、把中国建成"世界最文明进步之中华民国"等项内容。孙中山对知行的理解，已突破个人践履的狭小范围，表达了近代先进中国人的知行观。

由于革命任务紧迫，孙中山不能像西方哲学家那样，深入考察认识过程中主观和客观、感性和理性、理论和实

---

〔1〕《孙中山选集》，第185页。
〔2〕《孙中山选集》，第185页。

践的关系问题,只能从价值的视角对知识做出论断。严格地说,知识论只关涉对错问题,并不关涉难易问题。难易属于价值论范畴,并不属于知识论范畴。没有哪个西方哲学家发表过这方面的议论。孙中山显然不是接着西方哲学讲的,而是接着中国哲学讲的。他以难易论知识,乃是其传统哲学的底色所致。只有在中国语境中,才能讲难易。在传统哲学中,有知易行难之论,孙中山必须从近代的角度做出回应。他不否认,"知易行难说"在古代或许有对的一面,但在近代却可能造成负面效应。"夫中国近代之积弱不振、奄奄待毙者,实为'知之非艰,行之惟艰'一说误之也。"[1] 孙中山提出"知难",旨在对知识发明者表示敬重;提出"行易",旨在鼓励大家勇于实行,不必受畏难情绪困扰。

在他的知难行易说中,自始至终贯穿着进化论原则。他说:"世界人类之进化,当分为三时期:第一由草昧进文明,为不知而行之时期;第二由文明再进文明,为行而后知之时期;第三自科学发明而后,为知而后行之时期。"[2] 他认为,知行关系是不断进化的。在科学出现之前,行先知后;在科学出现以后,知指导行。显然,在他看来,知在任何时候都应以"行"为基础。用他的话说:"宇宙间的道理,都是先有事实,然后才发生言论。并不是先有言论,

---

[1]《孙中山选集》,第159页。
[2]《孙中山选集》,第160—161页。

然后才发生事实。"[1] 即便在科学昌明的时代，也不能违反这个规律。不过，科学理论毕竟起着极大的指导作用，故而孙中山才说"知而后行"。所谓"知而后行"，不能等同于"知先行后"，同"行先知后"也并不矛盾。孙中山十分重视科学理论的指导作用，认为"当今科学昌明之世，凡造作事物者，必先求知而后乃敢从事于行，所以然者，盖欲免错误而防费时失事，以冀收事半功倍之效"[2]。科学理论的指导，完全可以造就后发优势，取得后来居上的效果。这就为孙中山倡导"突驾说"找到了知识论方面的根据。

孙中山还别出心裁地把知难行易说同社会分工理论结合起来，提出有新意的知行分任说。他指出，在科学昌明的时代，任何知识的获得，任何知识的实现，都不是个人行为，而是发明家、鼓吹家和实行家三方面合作的结果。举个例子来说，一座楼房的建成，离不开工程师、工头、工人三种人的共同努力。工程师好比先知先觉的发明家，只管设计楼房的图纸，并不实际参与建楼的具体事务。工头好比后知后觉的鼓吹家，向工人宣讲工程师的设计方案，指导工人具体操作。工人则是不知不觉的实行家，只管干好手头的事情就可以了。三种人相互配合，便把楼房盖起来了。"知行分任"可以说是科学昌明时代的特点。"知者

---

[1]《孙中山选集》，第703页。
[2]《孙中山选集》，第165页。

不必自行，行者不必自知。"[1] 基于这种看法，孙中山对"知行合一"有新的理解，即社会群体中具体历史的统一。孙中山的"知行分任说"尽管有重视知、轻视行的倾向，尽管从中依稀可见孟子"劳心者治人，劳力者治于人"的影子，但毕竟为他倡导互助论找到了认识论方面的依据。孙中山没有学究式地考察知识的来源、知识的形成过程等狭义的知识论问题，强调知识不是个人行为，必须从社会学的视角看。"知行分任说"就是他从社会学角度为"知难行易说"找到的根据。

孙中山提出"知难行易说"，是他对中国民主革命失败教训的理论总结。他希望用这种学说武装革命党人的头脑，坚定革命事业必胜的信念。他的"知难行易说"不是书斋里的学问，必须结合当时他领导的革命实践加以理解。他的知行学说的积极意义在于，突破传统知行观的局限，赋予合乎时代精神的内涵。他已经从伦理价值维度，转向近代知识维度，其理论贡献在近代无人可以望其项背。

三、从子民到国民

以进化宇宙观为基础，孙中山的第三点创意在于倡导由子民向国民转化。在大多数民族的历史中，都曾出现过

---

[1]《孙中山选集》，第146页。

封建主义时代。在西方，有过"黑暗的中世纪"。尽管那时出现过教权与王权纷争的情形，皇帝加冕需要得到教主的认可，但皇帝还是高居于万民之上，视万民为子民。中国虽未出现过教权与王权纷争的情形，但在皇帝凌驾于子民之上这一点上，同西方没有什么区别。中国早在殷周时期，就已进入帝王时代。秦始皇统一中国以后，建立起封建主义的中央集权制，为历代皇帝沿袭。《诗经·小雅·北山之什·北山》记载的"溥天之下，莫非王土；率土之滨，莫非王臣"就是子民意识的写照。

在西方近代史的发端时期，曾经发生过一场启蒙运动，要求废除子民观念，摆脱精神枷锁，实行自由、平等的人格。针对子民观念，在启蒙运动中涌现出市民、公民等新观念。中国由传统社会转型为近代社会，同样需要一场启蒙运动。不过，中国式的启蒙运动不可能模仿西方人，因为国情不容许。在西方，启蒙运动大都发生在独立的国家，没有外力干涉，可以以个人作为启蒙主体。而在近代，中国并不是一个完全独立的国家。由于受到列强的侵略和压迫，中国已沦为半封建半殖民地社会。在这样一种社会环境里，自然不能像西方那样，以个人为启蒙主体，而必须以整个民族为启蒙主体，当务之急是谋求民族的独立。在探索中国式启蒙的道路上，民主革命的先行者孙中山做出了杰出的贡献。

在进化论视域下，孙中山指出，近代中国人再也不能拘泥于子民意识，必须更新做人的观念。按照进化论，人类进化已经过三个时期，正在进入第四个时期。在第一个时期，"人同兽争"，可以叫作洪荒时代；在第二个时期，"人同天争"，可以叫作神权时代；第三个时期，"人同人争"，可以叫作君权时代。子民观念就是那个时代的产物。当今世界已经进入民权时代，进入"人民同君主相争"的新时代，做人的观念自然应当发生变化。子民观念在被淘汰之列，不能再死抱着不放了。他说："世界潮流的趋势，好比长江、黄河的流水一样，水流的方向或者有许多曲折，向北流或向南流的，但是流到最后一定是向东的，无论是怎么样都阻挡不住的。所以世界的潮流，由神权流到君权，由君权流到民权；现在流到了民权，便没有方法可以反抗。"[1]

至于何谓做人的新观念，孙中山没有照搬西方公民、市民一类的说法，而是发明出新的说法，那就是"国民"。国民与公民、市民不同。后者强调的是个体，而前者强调每个人都是民族群体中的一员。他一手所创立的政党，命名为"国民党"。按照他的设想，国民应该有以下一些品格和意识：

第一，平等意识。在民权时代，每个社会成员都拥有独立的人格，都应该受到尊重。孙中山主张人与人应该是

---

[1]《孙中山选集》，第706页。

平等的关系，绝不容许出现一些人凌驾于另一些人之上的情况。孙中山认为，国民是主人，官员是人民的公仆。他继承中国古代的民本主义思想，将其提升到民权主义高度，主张"把政权放到人民手中"，主张"平均地权""耕者有其田""节制资本""振兴实业"。他说："讲到国家的政治，根本上要人民有权；至于管理政府的人，便要付之于有能的专门家。把那些专门家不要看作是很荣耀很尊贵的总统总长，只把他们当作是赶汽车的车夫，或者是当作看门的巡捕，或者是弄饭的厨子，或者是诊病的医生，或者是做屋的木匠，或者是做衣的裁缝；无论把他们看作是哪一种的工人，都是可以的。人民要有这样的态度，国家才有办法，才能够进步。"[1] 孙中山本人堪称恪守平等意识的楷模。他出任临时大总统，时刻以"公仆"自律，秉公办事，不治家产。他在誓词中宣称："巩固中华民国，图谋民生幸福，此国民之公意，文实遵之，以忠于国，为众服务。"

第二，团体意识。孙中山接受来自西方的平等观念，却不喜欢同样来自西方的自由观念。在他眼里，建立在平等基础上的自由，同建立在等级制基础上的自由，并没有什么区别；自由与散漫，并没有什么区别。"以往的中国人不是自由太少了，而是自由太多了。"在中国传统社会中，

---

[1]《孙中山全集》，北京：中华书局，1986年版，第9卷，第333页。

子民们交了皇粮之后，爱干什么就干什么，再也不必同朝廷发生纠葛了。"日出而作，日落而息"，自由得很。这样的子民不关心国家的兴亡，丝毫没有责任感，处在"一盘散沙"状态。怎样改变这种状态呢？必须用国民观念取代子民观念。孙中山希望借助国民党的形式，把全体国民组织起来，共同抵御外侮，谋求中华民族的再次辉煌。国民强调一个"国"字，强调每个人都应该意识到肩头的重担：国家兴亡，匹夫有责。孙中山本人就是崇尚团体至上的楷模。他深爱自己的国家，深爱自己的民族，深爱自己的政党。就连无政府主义者刘师培也表示由衷的佩服，发出"吾爱岳武穆，吾爱孙中山"的感慨。

第三，奉献意识。孙中山对国民的诠释深深打上优秀传统文化的烙印。他大力倡导奉献精神，把儒家"天下为公"的群体意识融会于其中。他非常欣赏"天下为公"的提法，觉得此种提法最能体现奉献意识。他把《礼记·礼运》篇论"天下为公"的那段话，写出条幅，挂在自己的办公室自励。他认为，国民应该讲求奉献，而不是讲求索取。他倡导奉献精神，同他的互助思想是一致的。他说："我们要人类进步，是在造就高尚人格。要人类有高尚人格，就在减少兽性，增多人性。没有兽性，自然不至于作恶。完全是人性，自然道德高尚……是故欲造成人格，必当消灭兽性,发生神性,那么,才算是人类进步到了极点。"[1]孙中山是讲究奉献精神的楷模。他鞠躬尽瘁,死而后已,留下的遗嘱是"革命尚未成功,同志仍须努力"。讲奉献,正是人性的体现;一味索取,不过是兽性的流露而已。

第四,奋斗意识。鉴于中华民族正值危难时期,孙中山特别强调,奋斗乃国民的题中应有之义。他希望全体国民发扬高昂的奋斗精神,积极投身于民主革命,改变中国积贫积弱的状况。孙中山的名言是:"人类要在竞争中求生存,便要奋斗,所以奋斗这一件事是自有人类以来天天不息的。""人类由初生以至于现在,天天都是在奋斗之中。"[2]他经常告诫自己的属下:当立心做大事,不立心做大官。他是发扬奋斗精神的典范,曾多次发动起义,多次失败,但百折不回。最后一次起义终于成功了,那就是1911年在武昌发动的辛亥首义。他缔造了中华民国,出任临时大总统,使统治中国长达数千年的封建专制主义制度宣告终结。孙中山倡导奋斗精神,乃是对自强不息民族精神的发扬。《易经》共六十四卦,最后一卦是《未济》,总是点燃人们心中的希望之灯,鼓励人们向前看。孙中山把这种精神提升为奋斗意识,生命不息,奋斗不止,为革命

---

[1]《孙中山全集》,第7卷,第316—317页。
[2]《孙中山全集》,第9卷,第225页。

事业贡献毕生精力。

由于历史的原因，孙中山构想的国民没有完全变为现实，但的确代表着中华民族意识觉醒的一个阶段。倘若没有孙中山倡导"国民"观念在先，也不可能有"人民"观念流行于后。孙中山无愧于民主革命先行者的称号。他从伦理意义上的人，转向社会意义上的人，意识到人的尊严、人的价值，树立起一种近代的人学观。孙中山去世以后，在中国共产党领导下，中国革命发展到新境界，"人民"的提法取代了"国民"的提法，变成流行语。江山就是人民，人民就是江山。在"人民至上"的理论氛围中，终于迎来中华人民共和国的成立。

以上就是孙中山提出的三点哲学创意。随着历史的发展，孙中山的创意早已时过境迁，只剩下哲学史意义了。其哲学史意义在于，孙中山不再关注如何巩固手中的权力，而是关注如何确立民众的主体地位的问题。孙中山这种问题意识的变化具有划时代意义。他的探索精神永远不过时，永远葆有哲学意义，值得我们进一步发扬光大。他揭示出这样一个道理：哲学常讲常新，永远不会停留在一种固定的讲法上面。这是对哲学从业者的起码要求。

〔原题《别开生面先行者——孙中山的哲学创意》，见《社会科学战线》2022年第8期。〕

章太炎：特立独行探索者

在近代，西方学术传入中国，中国固有学术走向世界。由于当时中国国势孱弱，这种交流显然不是对等的：西方学术处于上位，中国固有学术处于下风。尽管如此，具有原创力的中国思想家，还是不甘心只做西方人的传声筒或应声虫，仍然坚持独立思考。在他们眼里，无论是西方学术，还是中国固有学术，都不过是资源而已，都不能照着讲，只能接着讲，并且讲出新意来。在中国近代思想家群体中，章太炎是很有特色的一位。他不是专业的哲学家，但他有深邃的思想。他关于中国近代哲学问题的思考，触及许多重大的理论问题，对于中国近代哲学的转型有重要影响。

一、俱分进化论

章太炎触及的第一个问题是：如何看待进化论问题？在中国近代，进化论从西方传来，一时成为影响最大的思潮。大多数先进中国人奉进化论为圭臬,坚信不疑,热烈拥护;章太炎大概是其中敢于对进化论质疑的第一人。对于进化论,他既从时代需求的角度表示认同,也从学术的角度加以反思,敢于批评盲目乐观的社会直线进化论。他认为,对于社会发展来说,进化论的引入可能起到双重效应:从一方面来看,迎合了近代以来中国社会发展的需要,把革命和进化论融为一体。革命派以进化论为思想武器,为民主革命摇旗呐喊。但从另一方面来看,把进化论引申到历史观方面,容易造成盲目乐观的情绪,遮蔽人们对"善亦进化,恶亦进化"的认识。他认为,进化论的适用范围是有限的,仅适用于存在域,未必适用于价值域。进化论本身毕竟在价值上中立:既可能把人类引向光明,也可能把人类推入黑暗。基于这种独有见解,他提出著名的"俱分进化论"。这在进化论思潮汹涌的情况下,可谓是"千人之诺诺,不如一士之谔谔"(《史记·商君列传》)。章太炎关于进化论的独到看法,尽管在当时不占主流地位,但有特殊的学术价值。

章太炎同其他先进中国人一样,曾经是进化论的信奉者。在他看来,从无机界到有机界,乃至人类社会,无不处在进化的洪流之中。进化就是世界上万物之间的普遍联系,万物以进化为纽带,构成一个整体。从进化的视角看,"人之始,皆一尺之鳞也"(《訄书·原人》)。世界上万物千差万别,归结为一点,都处在进化的不同阶段。无机界的进化程度最低,其次依次为藻类、鱼类、猿类,到人类,达到进化的最高阶段。至于为什么会造成进化程度上的差异,据章太炎分析,大概有两点原因。第一,取决于客观环境。他认为拉马克用进废退的理论很有道理,并找到一些具体实例来说明。例如,在寒冷的古代,动物必须长着厚厚的毛发,现在气候变暖了,长毛自然就退化了。鲸原本生有四肢,可是由于生活在海洋中,久而久之,四肢也就退化了。同样的道理,鸵鸟长着翅膀却不能飞;有些羊长着角,却不会用来抵御。第二,取决于有机体自身的努力,"以思致其力而自造者"。例如,鸟儿经常梳理自己的羽毛,久而久之,脖子和喙都变得长长的。鸟担心自己的蛋被其他动物发现偷走,便想出各种对策。有的鸟把蛋产在土地上,蛋的颜色变成灰色;有的鸟把蛋产在芦苇丛中,蛋的颜色变成绿色。他由此得出结论:"由鸟之思护其卵,积精专思,而遂变其形色,所谓以思自造者也。"这意味着,有机体在进化过程中不完全是被动的,也有主动的因素。这种主动因素在人类身上得到更为充分的体现。"夫自诸异物而渐化为人者,此亦以思自造者也。"[1]

章太炎关于进化原因的第二点分析,其实已经超出了生物进化论的范围,而试图把进化论转变为一种积极向上的世界观和人生观。他指出,尽管人类已经进入进化的高

---

[1] 章太炎:《儒术真论·菌说》,见《清议报》第28—30册。

级阶段，但并未因此而停止下来，而是对进化提出更高的要求。人类必须以积极进取的态度应对进化，而不能用消极等待的态度顺应进化。如果人"怠用其智力"，非但不能进化，反而会退化为低等动物，退化为猿猴。通过这样的解释，他便把革命与进化联系在一起，认为革命乃是体现人类智力、促进进化必不可少的手段。

　　章太炎认为，人类社会的进化虽然也遵循生物进化的一般规律，但不能把人类等同于动物，必须看到人类社会发展的特殊性。章太炎把人类社会进化的特殊性归结为两点，即"竞以器"和"人能群"。首先，章太炎认为，"人之相竞也，以器。……石也，铜也，铁也"[1] 人类学会使用工具、武器，掌握了进行竞争的利器，故而把自己同其他动物区别开来，形成人类的特点。随着工具从石器到铜器进而到铁器的演变，人类的竞争能力也在不断增强。其次，章太炎继承了荀子"明分使群"的学说，指出人之所以能战胜动物，就在于"人能群"，即结成群体来抗击敌人、保护自己。"彼人之自保则奈何？曰：合群明分而已矣。苟能此，则无不自立，譬之蜜蜂，虽细不败。苟不能此，则无不受侮。"[2] 群体团结起来，即便是弱小的蜜蜂，也能够自保；如果群体不团结，任何民族都将无法自立。

---

[1]《章太炎全集》，上海：上海人民出版社，1986年版，第1卷，第28页。
[2] 章太炎：《儒术真论·菌说》，见《清议报》第28—30册。

章太炎试图从人的社会性和革新工具的智慧来说明人类历史的进化,这已经接触到历史发展的内在客观规律。

章太炎同革命派的思想家一样,特别强调进化与革命构成兼容关系,反对改良派以庸俗进化论为口实抵制暴力革命。他赞同邹容革命为"天演之公例"的说法,把进化论看成从事革命事业的理论依据。他以进化论为思想武器,宣传革命思想,驳斥维新派的改良主张。他特别强调革命在历史进化中的作用,指出:"人心进化,孟晋不已。……公理之未明,即以革命明之;旧俗之俱在,即以革命去之。"[1] 历史进化的道理,要通过革命来明晓,旧的风俗制度,也要靠革命去改造。只有竞争和革命才能促进人心的进化。他说:"人心之智慧,自竞争而后发生。今日之民智,不必恃他事以开之,而但恃革命以开之。"[2] 他由此得出的结论是:"竞争出智慧,革命开民智。"据此,他批判了天命说和宿命论,认为"拨乱反正,不在天命之有无,而在人力之难易"。革命全靠人力,与天命无关。章太炎非常重视意志在革命中的作用,强调"夫欲自强其国种者,……惟恃所有之精神"[3]。他驳斥了保皇派不准革命的论调,鼓舞了革命党人的斗志。

---

[1] 《章太炎全集》,第4卷,第181页。
[2] 《章太炎全集》,第4卷,第181页。
[3] 《章太炎全集》,第4卷,第182页。

由于看到西方发达国家的现实矛盾,特别是感受到战争带来的刺激,章太炎开始反思社会进化论的负面效应。源于自然科学的进化论,在解释自然界和人类科技的进步时,具有相当的科学性和解释力;但是当它被不适当地从自然律引申为历史律乃至道德律的时候,其本身的机械性和片面性,也日益凸显出来。章太炎则明确地指出,社会进化论有思想局限性,持这种论点的人没有发现:社会进化的向度不是一个,而是两个。因此,必须限制进化论范围,看清楚善恶同步进化的道理,不要盲从。

1906年,他在《民报》第7号发表《俱分进化论》一文,对直线式的进化论模式提出了诘难。对于社会进化的终极目标,能否"必达于尽美醇善之区",他表示怀疑。因为"进化之所以为进化者,非有一方直进,而必由双方并进。专举一方,惟言智识进化可尔。若以道德言,则善亦进化,恶亦进化;若以生计言,则乐亦进化,苦亦进化。双方并进,如影之随形,如罔两之逐影"。[1] 人类的科学知识,随着历史的发展而一直进化,这是不争的事实;可是,从人们的幸福感受和道德生活来看,则是善与恶、苦与乐"双方并进"。知识的发展并不一定给人们带来生活的快乐,也不一定促进社会风气趋向于善。实际情况恰恰相反:随着人类社会发展和知识进步,人们为善和为恶的能力都增

---

[1] 章太炎:《俱分进化论》,《民报》1906年第7号。

大了，求乐和造苦的能力也随之而增长。他以人类的战争为例，来说明"俱分进化"的道理：在上古时代，人类的战争只能以"手足之能，土丸之用，相觝相射而止。国家未立，社会未形，其杀伤犹不能甚大也"。[1]但是到了近代，随着武器的进步，战争手段更加残酷，战争规模更大，至于"一战而伏尸百万，喋血千里"，与古人相比，现代人似乎变得更为残忍了。

对于造成"俱分进化"的原因，他企图在东方哲学中找原因，寄希望于佛教唯识宗的理论。按照唯识宗的理论，人所禀赋的阿赖耶识中有种子识，由于"熏习"作用，种子识便染上了善、恶两种的性质，故而人的行为有善的取向，也有恶的取向。换句话说，人性既有向真、善、美演进的可能，也有迷恋好胜心的可能。这样，在社会进化方面，自然就出现善和恶"双方并进"的情形。章太炎认为，随着社会的进化，必然导致罪恶的扩大和痛苦的加深，人类社会永远不可能到达尽善至乐的境地。要想彻底摆脱社会进化给人类带来的罪恶和痛苦，章太炎的办法是实行"五无论"，即无政府、无聚落、无人类、无众生、无世界。他的理由是：政府、聚落、人类、众生、世界的存在，乃是引起战争和罪恶的根源，在未来都将被消灭掉。章太炎"俱分进化"的思想，尽管有虚无主义倾向，但他从价值的

---

[1] 章太炎：《俱分进化论》，《民报》1906年第7号。

层面反思直线式的社会进化论的局限性，揭示了人类社会发展的复杂性，对于人们辩证地认识世界的进化发展，具有积极的意义。

二、二重本体论

章太炎触及的第二个问题是：如何重新回答"何谓本体"的问题？在本体论方面，中国固有哲学有关注价值本体论的传统，却未形成关注存在本体论的传统。在西化思潮汹涌的态势下，中国固有哲学的短板暴露出来了。在中国固有哲学中，似乎只关心"如何做君子"的问题，不大关心"如何做有某种特长的人"的问题，并且常常把人生论同宇宙论合在一起讲。例如《易传》，上一句"天行健"属于宇宙论，而下一句"君子以自强不息"，却属于人生论。西方列强打进来，一无长技的"君子"们怎能击退列强的坚船利炮？屡屡败下阵来并不奇怪。面对失败，近代先进中国人不得不改弦更张，力求尽快补齐短板，以便同西方学术抗衡。章太炎在"俱分进化论"中，已经把存在论同价值论区分开来，只能沿着这一思路继续走下去。在存在论方面，章太炎接受原子论，认同西方人关于世界的解释；在价值论方面，他彰显"真如说"，又回到了东方。他不再寻求能够解释一切的本体论观念，而是分别从存在和价值两个角度探寻本体论。我们很难用一个词概括他的本体论学说，姑且称之为二重本体论。

章太炎作为近代先进的中国人，已认识到，要实行社会变革，就必须推翻"天不变，道亦不变"的旧观念，重视建构关于"天"的理论。他早期的本体论思考，把目光转向客观存在，在《訄书》《菌说》《视天论》等代表作中，他表达了对存在的新看法。

章太炎重新评定了中国古代宇宙论中的浑天说、盖天说及宣夜说，结论是来自西方的存在论"其说近于宣夜"。"以新旧说相较，新者轨合，而旧者辄差。"[1] 他并不讳言，由于中国古代的宣夜说建立在直观经验的基础上，缺乏近代科学方面的依据，应当突破。他对宣夜说加以扬弃，吸收了其合理成分，并同西方的宇宙观念结合起来。他把自己建构的宇宙论称为"视天论"。

他认为，所谓"天"，其实就是环绕地球的大气层以及弥漫太空的原子、"以太"等。人们眼中所看到的"苍苍然者"，并不是什么青石板、水晶球之类的有形物体。他也不同意古代"积气成天"的说法，因为这种说法仍有把天说成有形之物的嫌疑。既然有形质的天是不存在的，那么"苍苍然者"是什么呢？章太炎的解释是："恒星皆日，日皆有地，地皆有蒙气。自蒙气中视物，溟涬若氛云之薄积。

---

[1]《章太炎选集》，上海：上海人民出版社，1981年版，第43页。

京垓之地，蒙气坌萃，鱼鳞杂沓，而望之若苍苍矣。"[1] 地球周围的大气，看上去如苍苍的颜色，而实际上，大气"在地曰气，仰瞻则曰天，犹之云与雨也，非有二质，顾其所见异尔"[2] 人们常所见到的"苍苍然者"，其实并不是有形质的物体，只不过是动态的大气所显现而已。

章太炎以哥白尼创立的西方近代天文学理论为基础，对"视天说"作了进一步的阐发。他认为，宇宙是由无数星系构成的，而且每个星系都有自己的恒星，他还肯定整个宇宙处在不断运动的状态。不但地球在运动，太阳也在运动。这就比哥白尼又进了一步。他说："夫体成圆球者，未或不动，动则浑沦四转，无待于覆。"[3]他认为整个宇宙处于永恒的运动过程之中，而运动的原因在于天体有"体质"而"相摄"，即各星体有体积和质量而相互吸引。他认为，宇宙就是无数星体互相吸引而永恒运动的力学系统。章太炎的这种以近代科学知识为基础的宇宙观，推翻了"天不变，道亦不变"的旧观念，对于人们的思想解放有着重要的启蒙意义。他还认为，宇宙不但在时间上是无限的，在空间上也是无穷无尽的。地球属于太阳系，太阳系属于银河系，"而天河大群之外，又有星群，散处无所纪

---

[1]《章太炎全集》，上海：上海人民出版社，1984年版，第3卷，第17页。
[2]《章太炎全集》，第3卷，第17页。
[3]《章太炎选集》，第45页。

者"[1]。总之，天外有天，浩瀚宇宙不存在任何限制。

那么，无限宇宙中的万物是由什么构成的呢？事物的变化是由什么引起的呢？为了回答这两个问题，章太炎接受了来自西方的物质观念——"阿屯"。他说："盖凡物之初，只有阿屯。"[2] 茫茫宇宙，万事万物"皆内蒙于空气，外蒙于阿屯、以太，而成是形。"[3] 所谓阿屯，即原子（atom）的音译。他认为，尽管以太充满宇宙空间，是传递引力、电磁波的媒介，但并不是质料因，因为以太为阿屯所规定。归根结底，天地间万事万物虽然纷繁复杂，但是都起源于阿屯，统一于阿屯。他还很注意吸收当时自然科学的最新成果来充实自己的哲学理论。他认为，作为万物基始的阿屯，并非一成不变。原因在于各种原子内部的构成不同，"其中万殊"。他的这种看法，同近代自然科学中的原子论是一致的，但他不是从物质结构的意义上认同原子论，而是从哲学本体论意义上认同原子论。在他的眼中，阿屯是宇宙万有的终极依据，具有"物质一般"的含义。

维新派的谭嗣同、康有为等人虽然也把"以太"作为宇宙的本体，但是，他们又把以太附会为孔子的"仁"、佛教的"性海"、基督教的"灵魂"，这样，就把客观存在的

---

[1]《章太炎选集》，第47页。
[2]《章太炎选集》，第62页。
[3]《章太炎选集》，第69页。

"以太"视为精神性的存在，抽调了这一概念中的物质性内容。章太炎说："或谓'性海即以太'。然以太即传光气，能过玻璃实质，而其动亦因光之色而分迟速。……则不得谓之无体。"[1] 他认为以太振动可以传播光波或电磁波，光的波长因为以太的振动快慢而不等，所以光的颜色也不同。以太振动有快慢，阿屯大小可以量度，所以不能说无体。而精神性的仁、性海、灵魂是无法度量的，才可以说是无体。这就把以太、阿屯看作纯物质概念，而且这种判断是基于自然科学的度量原则，具有科学色彩。章太炎把世界的物质本体看作是可以度量的实体，就使他的本体论带上了机械论的特征。作为世界本体的"阿屯"，是怎样构成万物的呢？章太炎说："各原质皆有欲恶去就，欲就为爱力、吸力，恶去为离心力、驱力。有此故诸原质不能不散为各体，而散后又不能不相和合。"[2] 原质（元素）间的排斥和吸引、分散与聚合，构成了物质世界的现实图景。这一点与严复的"吸以聚质""辟以散力""质力相推"的说法有很大的相似性。

不过，章太炎并没有成为机械唯物论者，因为他没有用原子论解释精神现象。他认为："夫然，则空气金铁虽

---

[1]《章太炎选集》，第62页。
[2]《章太炎选集》，第62页。

顽，亦有极微之知。今人徒以植物为有知者，益失之矣。"[1] 单以生物为有知者是不够的，万物皆有知，他说："盖与之则可曰有知，奋之则可曰无知。彼其知则欲恶去就而已。不如是不能自成原质，亦不能相引而成草木。夫其桥起而相引也，则于是有雌雄片合，而种类成矣。有种类，则又有其欲恶去就，而相易相生相摩，渐以化为异物。"[2]"与之"就是吸引，"奋之"就是排斥，所谓"知"就是"欲恶去就"的能力。章太炎把事物的变化之因归结为原质之间的吸引与排斥，虽然具有机械性，但考虑到他所处的时代，仍具有一定的合理性；但是，他进而把事物所具有的"欲恶去就"的能力解释为万物皆有知，就不可避免地使他的理论带上了泛神论色彩。事实上，他自己对泛神论也是持肯定态度的，他说："近世斯比诺莎所立泛神之说，以为万物皆有本质，本质即神。""若其不立一神，而以神为寓于万物，发蒙叫旦，如鸡后鸣，瞻顾东方，渐有精色矣。"[3] 认为万物皆有神的观点正是无神论的前奏，"泛神者，既无神之逊词耳"。章太炎以泛神论否定了上帝的本体地位，他断言："夫非有'上帝'之造之，而物则自造之。"[4] 这种看法无疑具有进步意义，然而他视万物

---

[1]《章太炎全集》，第3卷，第63页。

[2]《章太炎全集》，第4卷，第400—401页。

[3]《章太炎全集》，第4卷，第414页。

[4]《章太炎选集》，第60页。

皆有知,显然不符合科学原则,并且为其后来思想的转变埋下了伏笔。

1903年,章太炎因"苏报案"被捕入狱。1906年他出狱后去日本,开始反思自己的前期思想,着力点由对存在的考察,转到对价值的关注。这时,他思考的一个实际问题是:究竟什么是发动民众投入革命最有效的思想理论?为了回答这个问题,他选择了佛教,特别是法相宗中的唯识论。他认为这才是对民众"发起信心"最理想的哲学武器,遂主张用宗教发起信心,增进国民的道德,用国粹激动种性,增进爱国的热肠,希望以此唤起民众投身革命的热情。他试图对法相唯识宗加以改造,建立一种可以鼓动革命的新宗教。他说:"今之立教,惟以自识为宗。识者云何?真如即是惟识实性,所谓圆成实也。"[1] 应该说,他的这种主观愿望,同其革命主张是一致的;但是,却与前期的哲学思想相矛盾。

从存在的角度看,章太炎认为"阿屯"为本体。可是,在价值意义上,"阿屯"毕竟是中立的,不能帮助人们搭建意义世界,不能提供价值担保。当章太炎追问价值本体的时候,他不再认同原子论,而把佛教中的"真如"视为本体。何谓"真如"?他的看法是:"《成唯识论》云:真如即

---

[1]《章太炎全集》,第4卷,第414页。

是唯识实性。以识之实性不可言状，故强名之曰如。"[1]"真如"就是"唯识实性"，他把"识"（精神、观念）看成唯一真实的存在，把物质世界看成"识"变现出来的假象："一切众生，同此真如，同此阿赖耶识。"[2] 阿赖耶识是唯识宗"八识"中的第八识，是种子识，是世界万物的本原，从这个意义上讲，真如和阿赖耶识是同等程度的本体论范畴。为了维护真如或阿赖耶识的本体论地位，凡是与此相左的理论，都成了章太炎批判的靶子，甚至连自己早年曾坚持过的"阿屯说"、"以太说"、泛神论也不放过。他说："说物质者，欧洲以为实有阿屯，印度以为实有钵罗摩怒，执为极细。而从此细者剖之，则其细至于无穷，名家所谓'一尺之捶，日取其半，万世不竭'者，彼不能辞其过矣。"[3]

在章太炎那里，"阿屯说"和"真如说"显然相互矛盾。这种矛盾恰恰表现出他在本体论思考中的困惑：他无法从"阿屯"中找到价值真实的哲学依据，只好转向有神秘色彩的"真如"。章太炎在西方寻求存在本体的哲学依据，而在东方寻求价值本体的哲学依据，虽然难以兼容，但毕竟各有各的道理。他不是西化派，也不是东化派。他

―――――――

[1]《章太炎全集》，第4卷，第414页。
[2]《章太炎全集》，第4卷，第406页。
[3]《章太炎全集》，第4卷，第406页。

就是他自己。

章太炎之所以在后期转向宗教，是因为他认识到，从事革命活动需要发挥个人的力量，倡导自尊无畏的勇敢精神。正是在这个意义上，他强调"自贵其心，不援鬼神"[1]，这在当时具有进步意义。但是，他由这种"一切唯识"的观念出发，主张取消主观与客观的对立，化解一切差别和矛盾，消泯彼此、是非、大小、文明野蛮的界限，最终还是陷入了"万物齐一"的相对主义误区，陷入了"一切唯心"的虚无主义误区。

三、行先知后论

章太炎触及的第三个问题是：如何处理知行关系问题？由于中国没有形成关注工具理性的传统，往往只关注价值理性。在固有哲学中，前者被称为"小体"之知或"见闻之知"，后者才是"大体"之知或"天德良知"。古人所说的知易行难、知先行后、知行合一，都是就价值理性而言，不涉及工具理性。西方学术传入中国之后，工具理性方受到人们的关注，不再被轻视。如何在工具理性的意义上处理知行关系？如何推动知行观由传统向近代转型？这是维新派和革命派所面对的共同课题。相比较而言，维新派侧

---

[1]《章太炎全集》，第4卷，第369页。

重于更新"知"的观念,有重知轻行的倾向。对于维新派来说,这也是无可奈何的事情,因为维新变法的主张,在中国根本得不到实施的机会,戊戌变法只维持了百余日,便被慈禧的屠刀断送了。他们无法把美好的想法变成做法,只能停留在说法的层面上。戊戌变法失败以后,维新派仍旧抱着改良主义不放,期待着光绪帝有出头之日。他们宁肯继续做制度设计的思考者,也不做推翻清廷的行动者,被人们改称为改良派或保皇派。他们不但自己不做行动者,还反对别人做行动者。于是,新式学人形成了观点对立的两大派:一派是以康有为、梁启超为首的改良派,另一派是以孙中山为首的革命派。孙中山曾同严复谈过话,动员他同革命派联手,共同致力于推翻清廷的事业,遭到了拒绝。孙中山遗憾地说:你是思想家,我是实行家。革命派试图扭转维新派重知轻行的倾向,侧重于更新"行"的观念,以便为推动革命事业扫除思想障碍。针对改良派"贵知不贵行"的倾向,章太炎提出了行先知后说。章太炎早年曾是改良派的支持者。戊戌变法失败后,他毅然和改良派决裂,选择了反对清廷的革命立场。在同改良派的论辩中,他提出了"恃革命开民智"的观点。

改良派之所以极力维护改良主义主张,理由之一是:中国尚处在"公理未明,旧俗俱在,民智未开"的阶段,因而不能贸然发动革命,只能慢慢地做一点"开民智"的工作,等待时机,实行君主立宪。理由之二是:进化得一步一步来，不能超越阶段。第一步是君主立宪，第二步才是民主共和。总而言之，中国现在还不到发动民主革命的时候。

在《驳康有为论革命书》一文中，章太炎依据达尔文的生物进化论中"用进废退、生存竞争"的学说，强调"由竞争生智慧"，认为投身革命才是开启民智的必要步骤。章太炎在驳斥改良派观点时指出："人心之智慧，自竞争而后发生。今日之民智，不必恃他事以开之，而但恃革命以开之。"[1] 他不认同改良派的庸俗进化论，而主张革命的进化论。他强调，人在进化面前，不能一味地消极等待，而应当积极应对，主动为推动进化发展创造条件。动物是被动地适应进化，而人则是主动地推动进化。"拨乱反正，不在天命之有无，而在人力之难易。"通俗地讲，也就是"谋事在人，成事在天"的意思。人应当积极地有所作为，不能消极地等待天的恩赐。

章太炎指出，革命实践是提高人们觉悟的最为有效的途径，应当在革命斗争中启发民智。他列举了大量的历史事实，说明往往不是先有革命观念，然后才发生革命运动，相反，革命观念常常是从实际的革命斗争中产生的。例如李自成起义，"自声势稍增，而革命之念起"，而义和团运动也在反帝斗争中从"惟言'扶清灭洋'"到"而知'扫

---

[1]《章太炎全集》，第4卷，第179页。

清灭洋'"[1]。这些历史事实足以说明，人们的认识是随着革命实践的发展而不断发展的。在批判改良派的斗争中，章太炎已经表明了行先知后的立场，强调了革命实践对于改造人心和社会的重要作用，认为生存竞争才是认识形成和发展的推动力。

章太炎把革命正当合理的论断，上升到知行观层面，便形成行先后知的学说。他说："有先行而后知者：人身有百体九窍，皆有司存；然婴儿之生，不以目听，不以耳食，彼岂知听必以耳，食必以口哉？稍长乃知其故耳。然则自由之境，知后行先；必至之涂，知在行后。"（《訄书·王学》）他通过批评王阳明的知行合一说的方式，阐发了行先知后的道理。他指出，王学知行合一说的根本错误，在于"立义至单"，只是从一个"良知"出发，来看待纷繁复杂的具体事物，因而同贵分析、重参验的科学方法格格不入。时至今日，如果仍旧沿袭知行合一说，不树立先行后知的新观念，势必阻碍科学的发展，阻碍社会的发展，阻碍革命事业的成功。他指出，不能把知行等同起来，因为二者"各有兆域"，不是一回事。知和行在时间上不可能"合流同起"，而是存在着先后顺序。即使看起来似乎是同时发生的直觉之知和本能之行，也是行先知后。

章太炎把西方近代哲学中的经验论引进来，对行先知

---

[1]《章太炎全集》，第4卷，第179页。

后说做了进一步的论述。他赞成英国近代哲学家洛克的"白板说","谓人之精神如白纸"[1],不承认有什么天赋观念和"生而知之"的圣人。他认为,人的知识不是先天就有的,而是在后天获得的,是在生存竞争中形成和发展起来的。章太炎认为感觉来源于客观物质世界,不能依据感觉的有无或真假,来判定外物是否存在。章太炎还指出,仅仅依靠耳目闻见的感性认识是不够的,因为人的感觉器官所能接触和认识的外界事物是有限的,还必须将感性认识提高到理性认识阶段,从而获得关于规律的知识。他举例说,人们的耳朵不能听到超声波和次声波,而太阳和闪电的光热辐射也不是凭眼睛能看到的。由此可见,章太炎已经意识到理性认识的重要性。他说:"夫物各缘天官所合以为言,则又譬称之以期至于不合,然后为大共名也。虽然,其已可譬称者,其必非无成极,而可恣膺腹以为拟议者也。"[2] 人们的认识首先是依靠感官("天官")获得与外物相符合的感觉,然后再通过推理("譬称")抽象出普遍概念("大共名")。这种普遍概念虽然不同于具体感觉,但仍然有共同的标准("成极")。正是凭借理性认识,人们才可以更深刻地认识客观事物,有效地指导实际活动。他这种推崇理性认识而贬低感性认识的倾向,有积极的一面,

---

[1]《章太炎全集》,第3卷,第149页。
[2]《章太炎全集》,第4卷,第15页。

也有消极的一面，为他后期转向唯识论、无神论的新宗教，埋下了逻辑上的种子。

以上章太炎触及的三个问题，虽有发人深省的见解，可惜未形成系统的理论。由于近代中国变化太急促、太快，他实在来不及总结。章太炎的许多卓见，在当时并不为人们所认同，现在该承认其学术价值了。他无愧于探索者的称号。在章太炎身上，表现出先进中国人特有的独立探索精神，无疑十分宝贵。同那些自以为解决了一切哲学问题的狂徒相比，难道这种精神不值得发扬光大吗？在社会科学领域，千万不可盲目地侈言"接轨"，凡事得用脑子想一想。倘若抛弃探索精神，哲学还能发展吗？

〔依据拙著《中国近现代哲学通史》整理成文，未刊。〕

梁启超：憧憬新民构想者

严复是第一个论及中国近代新式人格的思想家，他首先把注意力放在解构旧式人格方面，至于何谓新式人格、如何培育新式人格等话题，还来不及展开论述，来不及建构比较系统的人格理论。戊戌变法失败后流亡日本的梁启超，接过严复的话题，从改良派的立场出发，完成了一种新人格理论的建构，这就是建构新民说。

梁启超在避居日本期间，先后创办了《清议报》和《新民丛报》，继续鼓吹改良维新，广泛传播西学。他的影响很大，被人们誉为"舆论界骄子"。他建构新民说，历时四年多，从 1902 年到 1906 年，他以单篇论文的形式陆续发表在《新民丛报》上，共计 20 篇文章。他将这 20 篇汇集成册，书名叫作《新民说》。此书 1936 年由上海中华书局出版。原书仅有断句，未加标点。笔者加上新式标点，作了简要的注释，1994 年由辽宁人民出版社重新出版，列入多卷本的"中国启蒙思想文库"。梁启超以思想善变著称，向"不惜以今日之我与昨日之我战"。《新民说》大部分篇章写于梁启超思想最进步时期,除了个别章节流露出他转为保皇党以后的思想情绪之外,整个基调是向上的。本文仅就《新民说》的积极意义,发表如下看法,就教于方家学者。

一、从维新吾民做起

梁启超到日本后,思想面貌、知识结构、学术风格较之戊戌变法前发生了很大变化。在戊戌变法前,他在舆论界的影响很大,以至享有康梁并称的荣耀,但思想影响力并没有跳出其师的窠臼。他自己也承认,"启超之学,实无一字不出于南海"[1]。到日本后,随着形势的变化与学术视野的开阔,梁启超的思想陡变。正如他自己所述,"自东居以来,广搜日本书而读之,若行山阴道上,应接不暇。脑质为之改易,思想言论,与前者若出两人"[2]。显然,这时的他已走出康有为的阴影,开始成为一个独立的思想家。他兴高采烈地吞噬西方学术,大谈卢梭、孟德斯鸠、伯伦知理等人,以崭新的思想面貌出现在世人面前。梁启超早

---

[1] 梁启超致汪诒年信,此信大约写于光绪二十二年底或二十三年初。参见上海图书馆编:《汪康年师友书札》,上海:上海古籍出版社,1986年版,第2册,第1862页。

[2] 梁启超:《饮冰室合集》,北京:商务印书馆,1989年版,第22册,第18页。

已把自己同康有为区别开来了。他在写《新民说》时，虽没有放弃改良主义主张，却不再坚持偏狭态度，而对革命表现出某种程度的认同。他认为，革命与立宪可以并行不悖；在反对顽固派的大目标上，两派可以携手并进，不必相互争论。革命自然会造成某种破坏，但这是社会进步应该付出的必要代价。他在《新民说·论进步》中提出，如果不付出破坏的代价建设，所谓建设也是不可能的。梁启超同情革命的立场受到康有为的指责，但他并未因此而有所改变。他在写给徐勤的信中说："长者（指康有为）此函责我各事，我皆敬受矣。惟言革事，则至今未改也。"[1] 他并不以师训为然，表示"吾爱吾师，吾犹爱真理"。在他看来，维新派有自上而下的诉求，寄希望于明君出世，扭转乾坤；却没有自下而上的诉求，似乎没有意识到造就新民的必要性。由于缺少新民这一环节，不能不导致戊戌变法一败涂地。现在，该是补课的时候了。

梁启超在反省戊戌变法失败的原因的时候，发现了一个道理：要想"维新吾国"，首先应当从"维新吾民"做起。他意识到，要在中国建立新制度、新政府、新国家，首先必须以"新民"作为社会的根基。"苟有新民，何患无

---

[1] 梁启超在《与勉兄书》中提及此意，参见李平：《梁启超传》，北京：中国言实出版社，2015年版，第4卷，第106页。

新制度，无新政府，无新国家？"[1] 在梁启超那里，新民具有双重含义：第一，从反面说，是大力开展思想启蒙运动，使近代的新思想、新道德深入人心，帮助民众摆脱由旧时代造成的习染；第二，从正面说，是指造就有新道德、新思想的新型公民，让新民做整个中国社会的根基。

梁启超从两个方面论证造就新民的必要性和紧迫性。第一，从立国的根本来说，就是建立以新民为主体的社会基础。他把国家比作一个有机的整体。举个例子来说："国也者，积民而成，国之有民，犹身之有四肢、五脏、筋脉、血轮也。未有四肢已断，五脏已瘵，筋脉已伤，血轮已涸，而身犹能存者；则亦未有其民愚陋、怯弱、涣散、混浊，而国犹能立者。"[2] 从这一点来看，公民素质的高低，关系到国家的强弱，乃是立国之根本。换句话说，中国之所以贫穷落后，乃是公民素质低下使然。所以，"欲其国之安富尊荣，则新民之道不可不讲"[3]。第二，从解决当时"内治"和"外交"等问题的需要来讲，造就新民也十分迫切。就"内治"而言，要改变国家的政治格局，必须从造就新民下手。因为只要造就了新民，就自然会有新制度、新政府、新国家产生。他总结中国近代的经验教训说："夫吾国

---

[1] 梁启超：《新民说》，沈阳：辽宁人民出版社，1994年版，第48页。
[2] 夏晓红编：《梁启超文选》，北京：中国广播电视出版社，1992年版，上册，第102页。
[3] 《梁启超文选》，上册，第102页。

言新法数十年,而效不睹者何也?则于新民之道未有留意焉者也。"[1] 就外交而言,在中国面临着列强入侵、威胁愈益严重的情况下,只有造就新民,才能抵御外侮,闯出中国的发展道路。总之,必须用新民取代旧民,方能找到中国走向独立、富强的必由之路。用梁启超在《新民丛报章程》中的话说:"欲维新吾国,当先维新吾民",这才是"今日中国第一急务"。

梁启超认真总结历史教训指出,要想使当今中国改变面貌,首先必须找到导致中国落后的病根之所在。按照梁启超的诊断,在戊戌变法以前,洋务运动之所以失败,根本原因在于洋务派"知有兵事而不知有民权,知有外交而不知有内治,知有朝廷而不知有国民,知有洋务而不知有国务"[2]。事实证明,要想靠"变事"改变中国的落后状况,根本就是一条行不通的死路。问题的关键,还在于"变法",即从改变国体入手,改变中国不合理的政治体制,乃至整个社会管理体制,从而扫除前进路上的障碍。他开出的医国药方是:"伸民权"当以"广民智"为第一义。这是戊戌变法失败、流亡日本之后,梁启超得出的新见解。他在日本读了大量的西方资产阶级思想家的著作,思想为之一新。他终于认识到:"凡一国强弱兴废,全系于国民之

---

[1]《梁启超文选》,上册,第104页。
[2] 梁启超:《李鸿章》,东京:新民丛报社,1902年版,第3页。

智识与能力。而智识、能力之进退增减，全系于国民之思想。思想之高下通塞，全系国民之习惯与所信仰。"[1] 他对中国封建主义政治体制进行严厉的批判，发出"中国积弱之敌，盖导源于数千年以前"的感叹。他说："吾国之受病，盖政府与人民各皆有罪焉。其驯致之也非一时，其酿成之也非一人，其败坏之也非一事。"[2] 新民说的创立，可以说是梁启超反对封建主义在理论上的思想升华。

二、破除心奴

梁启超认为，奴性是中国民众数千年形成的顽疾，是中国社会发展进步的一大障碍，而封建专制主义则是造成奴性的根本原因。由于在政治上"服一王之制"，君主对民众奴役有如奴隶，防之如盗贼，久而久之，民众也认同奴隶或盗贼的身份；由于在文化上"守一先生之言"，久而久之，思想界变成一潭死水，容不下不同声音。这两方面的综合效应，必然形成"专制久而民性离""学说隘而思想窒也"的局面[3]。由此造成人格的扭曲，具体表现为以下几点：

---

[1] 梁启超：《饮冰室合集》，第3册，第62页。
[2] 梁启超：《饮冰室合集》，第5册，第16—17页。
[3] 梁启超：《新民说》，第38页。

（1）奴隶性。长期在封建专制主义统治下，人们逐渐形成安分、柔顺、依赖、卑怯的顺民性格，形成甘于奴隶身份的奴才意识。这种性格和意识具有可怕的消极性，"举国之人，他无所学，而惟以学为奴隶为事，……不以为耻，反以为荣"[1]。对于这种弊陋的人格，梁启超哀其不幸，怒其不争。他的感慨是："辱莫大于心奴，而身奴斯为末矣。"[2]

（2）依赖性。由心奴作祟，民众难以养成主人翁意识，我责人，人亦责我；我望人，人亦望我。由于互相推诿，互相依赖，谁都不愿意出头，社会便丧失前进动力。梁启超气愤地说，这种指望别人、不指望自己的依赖心态，乃是没有血性的表现；在国难当头的时候，简直就是犯罪。

（3）爱国心薄弱。由心奴作祟，致使爱国主义精神无法得以弘扬。他说："爱国心之薄弱，实为积弱之最大根源。"[3] 尤其令他气愤的是，面对国家危亡，一些人依然歌舞升平，袖手而作壁上观。这种灭损国民体面的行为，实在令人不寒而栗。

（4）缺乏公德意识。由于心奴作祟，导致民众道德素质低下，特别是公德意识缺位。他说："我国民所最缺者，

---

[1] 梁启超：《饮冰室合集》，第 5 册，第 16 页。
[2] 梁启超：《饮冰室合集》，第 5 册，第 17 页。
[3] 梁启超：《饮冰室合集》，第 4 册，第 46 页。

公德其一端也。"[1] 在他看来，由于儒学过度推崇束身寡过主义，才导致公德意识缺位，以至于形成"一盘散沙"的状况。

(5) 进取精神缺位。 由于心奴作祟，导使政治体制内没有活力，大多数民众随之也丧失创造性，丧失主动性。大多数人甘愿墨守成规，毫无进取心，遂使中国形成死气沉沉的局面，简直可以说落入"有女德而无男德，有病者而无健者，有暮气而无朝气，甚者乃至有鬼道而无人道"[2]的惨境。

(6) 愚昧无知。 由于心奴作祟，导致民众文化素质低下，知识极其贫乏。民众的文化程度和创新能力乃是立国之本，西方各国对教育事业无不高度重视。他们大力发展培养有用的人才，想方设法"美人性质，长人志趣，浚人识见"[3]；而中国则不然，士子学非所用、用非所学，弄得人才匮乏，国将不国。

(7) 柔弱不武。 由于心奴作祟，导致民众身体素质低下，难以抵御外侮。他指出，当今世界是强者的舞台，"立国者苟无尚武之国民，铁血之主义，……必无以自立于竞

---

[1] 梁启超：《饮冰室合集》，第4册，第12页。

[2] 丁文江、赵丰田编：《梁启超年谱长编》，上海：上海人民出版社，1983年版，第237页。

[3] 李华兴、吴嘉勋编：《梁启超选集》，上海：上海人民出版社，1984年版，第162页。

争剧烈之舞台"[1]。面对此种形势,中国人仍旧处于柔弱不武的状况,"此实中国历史上一大污点"。

(8) 虚伪成风。由于心奴作祟,人们沉溺在虚伪的社会风气之中而不察觉。梁启超气愤地说:"好伪至极,至于如今日之中国人,真天下所希闻,古今所未有也。"[2] 这种虚伪的风气在全国蔓延开来,为官者欺下瞒上,为士者不务实学,人人尔虞我诈,中国简直就是一个不堪入目的虚幻世界。

梁启超所列以上旧民种种表现,都是围绕着"心奴"展开的。所谓"心奴",其实是指封建主义人身依附观念。他对"心奴"的批判,正是对封建主义的批判。他憧憬着,造就大批新民,出来做新的政治中心。"心奴"是封建主义的伴生物,中国再也不能以皇帝为政治中心了。即便光绪皇帝复位,也不过是"虚君共和"而已,动摇不了新民的位置。

针对人格扭曲现象,梁启超提出"破心奴"的主张。他把自由分为人身自由和精神自由两种。二者相比较,精神自由更为重要。如果人身的不自由,可以叫作"身奴",而精神的不自由,那就是"心奴"了。我们可以采取斗争手段使"身奴"得以解放,而解放"心奴"就只能靠自己

---

[1] 李华兴、吴嘉勋编:《梁启超选集》,第157页。
[2] 梁启超:《饮冰室合集》,第4册,第12页。

努力了。"如蚕在茧,著著自缚,如膏在釜,日日自煎。"[1] "心奴"比"身奴"更为可怕、更为可悲。梁启超提出的"破心奴"的办法是:面对任何事物、任何言论,要都本着"以公理为衡"的原则,大胆地独立思考,决不盲目服从;要敢于发扬自由精神,堂堂正正地做人。摆脱"心奴"的束缚,才能做一个"自主、自立、自治"的新公民;由新公民做基础,才能建立起一个崭新的中国。在梁启超"破心奴"的呼喊中,俨然可以听到五四时期关于国民性讨论的先声。

三、倡导公德意识

为了改造中国,克服人格扭曲现象,梁启超构想出他心目中的新民形象。新民不同于旧式子民,新民第一个最突出的特点在于具有公德意识。所谓公德,乃是指自觉的合群意识,与独善其身的私德相对而言。他所给出的定义是:"人人相善其群者,谓之公德。"[2] 梁启超认为,在儒家文化主导之下,历来中国的私德比较发达,而公德相对滞后。由于公德不发达,国家徒具形式而已,无异乎"一盘散沙"。这种情况必须扭转。在他看来,能否做到利群,

---

[1] 梁启超:《饮冰室合集》,第4册,第12页。
[2] 梁启超:《饮冰室合集》,第4册,第2页。

应当成为评判公德善恶的标准。凡是有利于"群"的事，都可称为善；反之，皆称为恶。"是故公德者，诸国之源也。有益于群者为善，无益于群者为恶，此理放诸四海而准，俟诸百世而不惑者也。"[1] 从这个意义上说，公德意识与近代的国家意识是一致的。梁启超认为，利群的公德意识是新民必须具备的道德素质，"知有公德，而新道德出焉矣，而新民出焉矣"[2]。公德作为新道德的核心，维系着"群"与"国"的一致性，乃是必不可少的黏合剂。"公德者何，人群之所以为群，国家之所以为国，赖此德焉以成立者也"，"人人相善其群者谓之公德"[3] 在新民的诸多品质中，梁启超非常看重公德。新民应当努力培养公德意识，妥善地处理好群己、公私、人我之间的关系，把握住个人利益服从群体利益的原则。

梁启超指出，人不但有独立自由的诉求，还有合群的诉求，二者皆为天所赋予人的本性。从这一点来看，公德必须以私德为基础。"凡一群之中，必其人皆有可以自立之道，……斯其群乃强有力。不然，则群虽众而所倚赖者不过一二人，则仍只能谓之一二人，不能谓之群也。"[4] 根据进化论的原理，养成独立自由的个性，乃是为了生存的需

---

[1] 梁启超：《饮冰室合集》，第 4 册，第 15 页。
[2] 梁启超：《饮冰室合集》，第 4 册，第 15 页。
[3] 梁启超：《饮冰室合集》，第 4 册，第 2 页。
[4] 梁启超：《新民说》，第 139 页。

要;然而私德的完善,离不开作为"合群之道"的公德。他说:"凡人之所以不得不群者,以一身之所需求所欲望,非独力所能给也;以一身之所苦痛所急难,非独力所能捍也,于是乎必相引相倚,然后可以自存。"[1] 任何一个人的成长,都离不开群体;群体的组成,也离不开个人,二者相辅相成。至于如何处理个体与群体之间的关系,梁启超主张实行群体优先的原则,也就是先公后私的原则。他说:"善能利己者,必先利其群,而后己之利亦从而进焉。"[2] 梁启超不讳言,当今中国人的缺点是公德缺位。鉴于此,在新民中间,必须大力倡导"利群"的公德意识,力求做到"以一身对于一群,常肯绌身而就群;以小群对于大群,常肯绌小群而就大群"[3]。梁启超由"利群"观念联想到"利国",因为国家是最大的群体。他大声呼吁,人们应当树立"国家思想",化利群意识为爱国意识,而"言爱国必自兴民权始"[4]。中国情况十分糟糕:"我国国民,习为奴隶于专制政体之下,视国家为帝王之私产,非吾侪所与有,故于国家之盛衰兴败,如秦人视越人之肥瘠,漠然不少动

---

[1] 梁启超:《新民说》,第14页。
[2] 梁启超:《饮冰室合集》,北京,中华书局,1942年版,第4册文集,第162页。
[3] 李华兴、吴嘉勋编:《梁启超选集》,第118页。
[4] 梁启超:《饮冰室合集》,第4册,第73页。

于心。"[1] 这种情形必须改变，专制政体必须废除，真正让民众当家作主，成为名副其实的主体。而要实现这一目标，首先应当从培养爱国的公德意识做起。梁启超也认识到，爱国就必须维护国家的独立自主权，以民族主义抵抗帝国主义的侵略，这是一件迫在眉睫的事情。

梁启超大力倡导公德，并非否定私德的重要性。他认为二者处于同等重要的地位，相辅相成，相得益彰。对于新民来说，二者缺一不可。私德是公德的前提，没有私德则不能立公德。"合无量数卑污虚伪残忍愚懦之人"，不可能组建新式国家。反过来说，公德也是私德的前提。"无公德则不能团，虽有无量数束身自好廉谨良愿之人，仍无以为国也。"[2] 任何道德都起于人与人之间的交往。主体交往所涉及的客体，可以是少数人，也可以是多数人，还可以是团体。虽然客体有所不同，但主体毕竟还是一个。由于交涉所及的客体有所不同，才区分出公德与私德。无论公德，还是私德，道德判断的标准只有一个：有赞于公安公益者，就是合乎道德的行为；反之，有戕于公安公益者，就是不合乎道德的行为。不过，梁启超没有把公德和私德等量齐观，而是从中国社会实际状况出发，特别强调培养

---

[1] 王德峰编选：《国性与民德：梁启超文选》，上海：远东出版社，1995年版，第88页。

[2] 梁启超：《饮冰室合集》，第4册，第2页。

国民的公德意识是最为迫切的任务。在中国儒家文化中，对私德比较重视，对公德重视不够显而易见。这种情况应该改变了。中国之所以陷入积贫积弱的状况，固然有理想、风俗、政术、近事等四方面的分因，公德意识缺位才是根本的总因。他痛切地说："今世士夫谈维新者，诸事皆敢言新，惟不敢言新道德，此由学界之奴性未去，爱群、爱国、爱真理之心未诚也。"[1] 梁启超视"爱群、爱国、爱真理"为道德的最高境界，形成很有特色的伦理思想。他关于公德与私德相互关系的看法认识，固然算不得高明，但毕竟有独到之处。他心目中的新民，具有爱群、爱国、爱真理的优秀品格，具有"报群报国"的责任感，堪称振聋发聩之论。

四、养成独立自由人格

梁启超指出，与旧式"子民"人格相比，新民的第二个特点就是具有自由独立的人格。梁启超说："一身自由云者，我之自由也。虽然，人莫不有两我焉：其一，与众生对待之我，昂昂七尺立于人间者是也；其二，则与七尺对待之我，莹莹一点存于灵台者是也。"[2] 他既看重人在身体

---

[1] 李华兴、吴嘉勋编：《梁启超选集》，第118页。
[2] 夏晓红编：《梁启超文选》，上册，第131页。

上的自由，也看重人在精神上的自由，而尤其重视人在精神上的自由。鉴于中国几千年来都奉行封建专制主义，鉴于深感奴性根深蒂固，他在写给康有为的一封信中说："弟子之言自由者，非对于压力而言之，对于奴隶性而言之。压力属于施者，奴隶性属于受者。"[1] 梁启超认识到，由于中国封建专制主义统治已有数千年之久，思想钳制使人们养成麻木不仁的习惯，奴隶性根深蒂固，受奴役、受束缚而不知反抗。这种奴隶性妨碍新人格的建立。他大声疾呼："若有欲求真自由者乎，其必自除心中之奴隶始。"[2] 他十分重视培养独立自由的品格，告诫人们"勿为古人之奴隶""勿为世俗之奴隶""勿为境遇之奴隶""勿为情欲之奴隶"。他反对形形色色的奴隶思想，实质上是要求人们摆脱封建主义的思想束缚，摆脱本国封建专制主义和外国帝国主义的双重压迫，勇敢地追求个性的独立和解放。

梁启超认为，人之所以异于禽兽，就在于具有独立自主意识；文明之所以异于野蛮，就在于摆脱奴隶性的束缚。他说："独立者何？不借他力之扶助，而屹然自立于世界者也。人而不能独立，时曰奴隶。于民法上不认为公民。国而不能独立，时曰附庸。于公法上不认为公国。嗟乎！独

---

[1] 李华兴、吴嘉勋编：《梁启超选集》，第136页。
[2] 夏晓红编：《梁启超文选》，上册，第132页。

立之不可以已如是也。"[1] 他指出，国家、种族、个人都应该有独立性。倘若国家丧失独立性，就意味着在地球之上已被开除国籍；倘若民族丧失独立性，就意味着不再挺立于世界民族之林；倘若个人丧失独立性，就意味着人也就不再称其为人了。显而易见，国家、民族、个人都应当重视"独立"二字。面对竞争愈益剧烈的当今世界，如果独立之性稍不足，将会一败涂地，无一例外。由此看来，养成独立意识多么重要！新式国家必须建立在独立的新民基础之上；由新民组建的新式国家，必须建立在人格独立上面。否则，不可能有独立的国家。要想改变中国积贫积弱的状况，大力倡导人格独立，势在必行。

梁启超认为，人格独立自主的原则同群体至上原则是分不开的，必须摆正个体与群体之间的关系。关于独立，他的理解是：凡事皆靠自己，从不寄希望于他人，在世界上独往来，昂然挺立。借用《中庸》上的话说，就是"中立而不倚"。不依赖他人，不等于说个人独立可以脱离群体。任何人都不可能脱离群体，因为独立与合群是一致的。个人独立是群体构成的基础，以至于每个人都有独立的品格，才有群体可言。他说："独与群，对待之名词也。人人断绝倚赖，是倚群毋乃可耻；常绌身而就群，是主独无乃

---

[1] 梁启超：《国民十大元气论》，《清议报》，1899年12月23日。

可羞。"[1] 他认为,人格独立与合群利群构成相辅相成的关系,任何时候都不要把二者截然对立起来。在梁启超那里,"独立"与"合群"、"自由"与"服从"之类,既是政治学的范畴,也是伦理学的范畴。在他看来,两个方面缺一不可。既要提倡"独立之德""自由之德",又要提倡"合群之德""服从之德"。就此而言,中国之所以没有成为独立的国家,同民众缺乏"独立之德"息息相关。"中国不为独立之国",根本原因在于"中国今无独立之民"。梁启超大力提倡"独立之德",大力提倡"以独扶群",把爱国主义提到道德准则的高度。他断言,中国面临的"盛德大业",就在于倡导爱国主义。他勇于批判封建专制主义,倡导民权,呼吁人格独立,崇尚爱国主义,使他所构想的新民说熠熠生辉。

五、发扬冒险尚武精神

梁启超指出,与旧式"子民"人格相比,新民的第三个特点就是富有冒险尚武精神,敢作敢为,奋发图强,能够承担起改造旧中国的大任。

首先,新民应有进取冒险的精神,敢于走前人所没有走过的路。梁启超在《新民说》中指出,整个世界都处于

---

[1] 梁启超:《饮冰室合集》,第4册,第45页。

不断进步之中，因此，应该树立一种进化发展的宇宙观与奋进不已的人生观。可是，中国人长期养成的保守、怯懦的性格，很难同世界的发展相适应，改革势在必行。新民必须养成进取冒险的人生，他在《论进取冒险》一文中写道："天下无中立之事，不猛进斯倒退矣。"[1]近代西方人一向富有进取冒险精神，中国人也必须改变保守、偷安的心理状态，发扬敢于冒险、积极进取的精神，冲破重重障碍，朝着自己设定的理想目标挺进。

其次，新民应该锻炼出强健的体魄。梁启超写的《新民说》专设《论尚武》一节，主张改掉重文轻武的恶习，锻炼出强健的体魄。他指出，其实早在春秋时期，孔子授徒就已开出"射""御"等尚武的课程，不幸，竟被后人抛弃了。这样做造成的恶果是：中国人的体质每况愈下，以至于被近代西方人讥为"东亚病夫"。怎样培育尚武精神呢？梁启超认为必须做到以下三条：第一条是提升心力，树立起民族自信心，敢于竞争，改变"万事不如人"的心态；第二条是提升胆力，克服畏惧心理，发扬敢于担当的精神，敢为天下先；第三条是提升体力，开展各项体育运动，力求练就强健的体魄。

那么，如何造就出新民呢？梁启超给出的答案是："新民云者，非欲吾民尽弃其旧以从人也。新之义有二：一曰，

---

[1] 夏晓红编：《梁启超文选》，上册，第115页。

淬厉其所本有而新之,二曰,采补其所本无而新之。二者缺一,时乃无功。"[1] 又说:"所谓新民者,必非如心醉西风者流,蔑弃吾数千年之道德、学术、风俗,以求伍于他人。亦非如墨守故纸者流,谓仅抱此数千年之道德、学术、风俗,遂足以立于大地也。"[2] 照他的设想,所谓新民,并不是一味地模仿西方人,落入民族文化虚无主义的俗套。而应当从两个方面下手:一方面,应当继承中国的优秀文化传统,使之进一步发扬光大;另一方面,要从西方文化中"采补"中国所缺乏而又急需的因素,取他山之石,攻自己之玉。把这两方面有机结合起来,方能找到一条造就新式人格的路子。所谓新式公民,乃是一种自新:"新民云者,非新者一人,而新之者又一人也,则在吾民之各自新而已。"[3] 为了造就新民,他设想三条原则:一是主体性原则。新民是一种自我觉悟、自我提高,不能依靠外力。二是民族性原则。新民是整个民族的大业,必须发掘固有的思想文化资源,不能单纯靠从西方引进。三是开放性原则。新民乃是顺应时代之民,抱残守缺无济于事,必须善于学习其他民族的优长。他关于造就新民的构想,虽然有些简单,但在原则上无疑是正确的。

---

[1] 夏晓红编:《梁启超文选》,上册,第107页。
[2] 夏晓红编:《梁启超文选》,上册,第109页。
[3] 梁启超:《饮冰室合集》,第4册,第3页。

由上述可见，梁启超倡导新民说，根本宗旨在于倡导启蒙教育，洗去旧时代在身上留下的习染，形成新的行为规范、新的道德风尚，从而造就一代独立自主、利群爱国、富于进取冒险精神的新式人格。在中国近代人学思想发展史上，梁启超的新民说构成一个重要的环节。他上承严复"开民智，鼓民力，新民德"的余绪，下启孙中山的"国民说"，乃至开五四新文化运动的先河。五四时期关于国民性的研讨，不正是接着新民说的思路展开的吗？新民说同社会主义核心价值观也息息相通。以"富强、民主、文明、和谐、自由、平等、公正、法治、爱国、敬业、诚信、友善"等二十四个字为代表的局面，不正是梁启超想看到的吗？

〔原题《梁启超的新民构想》，见《湖南社会科学》2021年第6期。〕

中国现代哲学观念的变迁

从 1919 年五四运动开始,到 1949 年中华人民共和国成立为止,共计 30 年。这 30 年对于中国哲学的发展来说十分重要,因为其间中国哲学实现了从自发到自觉的转折。从 1919 年开始,中国逐渐出现了一个专业的哲学家群体,其中著名者有蔡元培、胡适、李达、金岳霖、冯友兰、梁漱溟、熊十力、张东荪、艾思奇等人。张东荪创办哲学专业刊物《哲学评论》,后来变成中国哲学会的专刊。哲学家出于自觉的哲学学科意识,创立一个个哲学体系,出版了《中国哲学史大纲》《新理学》《论道》《新唯识论》《社会学大纲》《大众哲学》等一系列哲学专著。北京大学率先创立哲学系,之后建立哲学系的大学出现了五个。现代新儒家、中国实证哲学、中国马克思主义哲学等三大思潮纷纷登场,改变了中国人的思想面貌。回观 20 世纪上半叶中国现代哲学走过的历程,对于中国哲学史学科建设来说,无疑是一件有意义的事情。

一、自觉的学科意识

哲学有自发、自觉两种状态。西方哲学的自发形态以古希腊哲学为代表，那时哲学包罗万象，是"一切学之学"，各门尚未成熟的科学也包含在哲学之内。中国传统哲学同希腊哲学形似，也是包罗万象的学问。古人通常把哲学之知叫作"天德良知"或"大体"之知，把科学之知叫作"闻见之知"或"小体"之知。有的古代哲学家把前者喻为君主，把后者喻为臣子，臣子当然得听命于君主。在古代中国，没有专门的哲学家，学者通常把自己的哲学思考混在其他思想之中。有些人以自觉的哲学观念衡量，批评中国哲学没有"合法性"，实在拟于不伦。依据后起的观念指责原初形态，有如指责古人不会开汽车一样荒唐可笑，因为古代根本没有汽车可开。中国没有哲学之名，不等于没有哲学之实。在古汉语中，弘道、穷理、求是同希腊哲学"爱智慧"的意思相近。"哲学"一词是从日本传入中国的。日本近代思想家西周在翻译西学时，把关于世界总体的学问译为哲学，把关于世界局部的学问译为科学。他所说的"哲"，取自中国文献，本身就有"智慧"的意思。《尚书·皋陶谟》说"知人则哲"，《尔雅·释义》说"哲，智也"，孔子说"哲人其萎"，都提到"哲"字。西周的"哲学"译名之所以很快被接受，是因为中国人对"哲"本来就不陌生。

　　西方哲学学科的自觉意识发生在17世纪。那时科学昌明,各门科学纷纷从母体中独立出来。那么,哲学母体中还剩下什么?那就是关于世界总体的学问。哲学终于回到自己的本来意义,以世界观为研究目标。在自觉的哲学观念引导下,涌现出笛卡儿、休谟、洛克、康德、黑格尔、培根等专业哲学家。哲学同科学相比,可以说是一种另类学问。各门具体科学皆以物质世界的局部为研究目标,可以与之对象化;哲学以世界总体为研究目标,无法与之对象化。人作为研究者,永远与世界同在,好像演员一样,无法成为观众。哲学世界观中的"观"字,绝不是"观察"的意思,只能是"观念"的意思;世界观中的"世界",既包含物质世界,也包含精神世界。上述哲学家都是提出世界观观念的人。他们讲出一些道理,但没有给出终极结论。

　　虽然近代"哲学"一词已传入中国,但国人的哲学学科自觉意识的树立却是在1919年完成的。最早认识到哲学学科性质的哲学家是蔡元培。他曾在国外专攻哲学,接受现代哲学观念并获得博士学位。他指出,现代哲学家同古代哲学家之间的区别,就在于有没有自觉的问题意识。他在《简易哲学纲要》一书中写道:"哲学是人类思想的产物,思想起于怀疑,因怀疑而求解答,所以有种种假定的学说。……几千年来,这样的递推下来,所以有今日哲界的状况。"[1] 问题意识是现代哲学的特征。一个没有问题意识的人，不配做现代哲学家。对于现代哲学家来说，不在于是否建立什么体系，关键在于是否有独到的问题意识。现代哲学家未必是解决问题的高手，但一定是提出问题的高手，至少善于改变提问题的方式。他提出的问题有了追随者，遂形成了一个学派。在同一学派之内或许以为问题已经得到解决，而在这一学派之外的人眼里却未必，可能又遭到质疑。质疑未必是坏事，正因为有新的问题提出，新的问题又将被更新的问题质疑，才推动哲学不断发展。没有问题，也就没有现代哲学。现代哲学不再是包罗万象的学问，而是逐步深化的思维方式。由问题组成的哲学长河永远不会完结，任何停止的论点、任何僵化的教条都没有根据。哲学永远在途中，谁都不要以为自己达到了哲学顶峰。

第二位树立哲学学科意识的中国哲学家是胡适。他曾在美国攻读哲学博士学位，师从实用主义哲学家杜威。他选择的博士论文题目是《中国古代哲学方法之进化史》（正式出版改为《先秦名学论》），内容是中国古代逻辑思想的演化史。由于答辩委员皆不熟悉中国学术，没有投赞成票，建议修改后再答辩。胡适在没有通过博士论文答辩的情况

---

[1] 高平叔编：《蔡元培哲学论著》，石家庄：河北人民出版社，1985年版，第305页。

下，拒绝修改，毅然回国。由于在回国之前胡适就以发表文章的方式参与新文化运动，"胡博士"的大名早已叫响，所以回国后立即被北京大学聘为教授，在哲学系担任"中国哲学史"课程的主讲。胡适认为在各门科学从母体中独立出去的情况下，应该对哲学学科有新的认识，找到哲学自身的研究目标。在他眼里，现代哲学的研究目标就是人生观。他说："凡研究人生切要的问题，从根本上着想，要寻一个根本的解决。这种学问，叫做哲学。"[1] 他如此理解现代哲学，显然受到实用主义影响，带有浓重的人本主义色彩。谈人生观不能不涉及世界观，可是胡适心目中的世界，并非客观世界，而是主观化了的世界。胡适坚信："实在是我们自己改造过的实在。在这个实在里面含有无数人造的分子。实在是一个很服从的女孩子，她百依百顺地由我们替她涂抹起来，装扮起来。"[2] 实在有如 100 个大钱，可以分成 50 个 2 堆，也可以分为 25 个 4 堆，还可以分为 10 个 10 堆。每个人建构的"实在"各不相同："一个诗人和一个植物学者同走出门游玩，那诗人眼里只见得日朗风清，花明鸟媚；那植物学者只见得道旁长的什么草，篱上开的是什么花，河边栽的是什么树。这两个人的宇宙是大不相

---

[1] 胡适：《中国哲学史大纲》，上海：上海古籍出版社，1997 年版，第 1 页。
[2] 胡适：《胡适文存》，合肥：黄山书社，1996 年版，第 1 集，第 228 页。

同的。"[1] 胡适的哲学观没有得到同行们的认同,金岳霖批评说:"哲学中本来是有世界观和人生观的。我回想起来,胡适是有人生观,可是没有什么世界观的。看来对于宇宙、时空、无极、太极……这样一些问题,他根本不去想;看来他头脑里也没有本体论和认识论或知识论方面的问题。他的哲学仅仅是人生哲学。"[2] 尽管如此,胡适毕竟意识到哲学是一门有别于科学的学科,有特殊的研究目标。

第三位树立哲学学科意识的哲学家是熊十力。他没有正式学历,也没有出过国,全凭出色的领悟力自觉到现代哲学的学科性质。他不同意西方哲学界流行的说法,不认为哲学就是认识论,而认为哲学应当以本体论为中心。所谓本体,就是要提出关于世界总体的观念,以这种观念把握世界总体。他所说的世界,既包括物质世界,也包括精神世界。本体应该是精神世界的担保,应该是物质世界的依据。这个本体就是孟子所说的本心。对于精神世界而言,本心是价值的源头,"吾人一切纯真、纯善、纯美的行,皆是性体呈露,故云全性成行"[3]。对于物质世界而言,本心是万物的成因。本心凭借"翕"即凝聚功能形成万物,凭借"辟"即发散功能使万物复归本心。他所创立的哲学体

---

[1] 胡适:《胡适文存》,第1集,第228页。
[2] 刘培育主编:《金岳霖的回忆与回忆金岳霖》,成都:四川教育出版社,1995年版,第29页。
[3] 熊十力:《新唯识论》,重庆:商务印书馆,1944年版,第389页。

系叫作"新唯识论",用一个"新"字表明他已出佛入儒。他反复申明,《新论》本为发明体用而作。从本体论讲起,最终还是要讲到人生观。用他的话说:"学者如透悟体用义,即于宇宙人生诸大问题,豁然解了,无复疑滞。"[1] 为完善《新唯识论》的本体论学说,熊十力几乎投入毕生的精力,反复修改。他在20世纪20年代出版文言文本,于30年代中期出版语体文本,晚年又改造成《体用论》。"文革"期间受到迫害,不得不中止研究。他的本体论研究既涉及世界观,也涉及人生观,充分显示出现代哲学以世界总体为研究目标的独特性。

第四位树立哲学学科意识的哲学家是瞿秋白。他在苏联接受马克思主义哲学训练,也接受了现代的哲学观念。1923年他回国以后担任上海大学社会学系主任,编写《社会哲学概论》,明确地表达了现代哲学的观念。他说:"随后智识渐渐分类、综合、组织而成系统,就发生种种科学,——从哲学之中分出;至今所剩的仅仅是方法论和认识论。""科学分工的结果,使哲学仅仅能成为综合一贯的智识,有统率精神物质各方面的智识而求得一整个儿的宇宙观之倾向;更因科学进步而智识系统日益严密,于是哲学——所谓'求宇宙根底的功夫'愈益得以深入。然而初

---

[1] 熊十力:《新唯识论》,第241页。

民哲学与现代哲学仍旧同样是人对宇宙的认识。"[1] 他认为各门科学独立之后,哲学仍旧作为学科而存在。这种现代哲学观得到哲学家们的认可。

除了上述四位之外,树立现代哲学观的学者还有金岳霖、冯友兰、贺麟、梁漱溟、张东荪等人,限于篇幅,就不一一赘述了。由于中国现代哲学家树立了哲学学科意识,从而同传统哲学区别开来。前此学者未能树立自觉的学科意识,尚处在自发水平,可以写广义的哲学史,而现代则可以写成狭义的哲学史了。

二、自觉的共相意识

中国现代哲学迈出的第一步是学科自觉,迈出的第二步则是树立自觉的共相意识。哲学家最初只意识到中西两种哲学之间的共相,尚未觉察到殊相。之所以出现这种情况,并不奇怪,因为这是很自然的事情。要求他们一下子就把握共相与殊相的辩证关系,显然不现实。犹如我们结识一个人,首先着眼于他作为人的共相;如果他连人都不是,还能同其交往吗?至于这个人身高多少、体重多少等殊相,不可能一下子注意到,还有待于时日慢慢来了解。

---

[1] 黄美真等编:《上海大学史料》,上海:复旦大学出版社,1984年版,第268页。

中国现代哲学家对中西哲学的认识，也是同样道理。他们首先得发现共相，然后才能觉察到殊相。他们对殊相的认识，一时还没有达到自觉水平，仍处在自发水平。

过去学者所面临的思想资源只有一种，即固有的资源；中国现代学者面临的资源却是两种，既有固有的资源，也有来自西方的资源。这就对中国现代哲学家提出了更高的要求：既要熟悉固有的资源，也要熟悉西方的资源。蔡元培之所以弃用旧式学者，启用刚刚从美国回来的胡适讲授中国哲学史课程，就是因为他具有较好的西方哲学素养。胡适果然没有让蔡元培失望，他利用两种资源把中国哲学史讲得有声有色。他根据讲稿，很快出版了《中国哲学史大纲》一书，此书成为中国哲学史学科当之无愧的开山之作。蔡元培亲自为该书作序，指陈四个特点：证明的方法、扼要的手段、平等的眼光、系统的研究。胡适授课的实践表明，要发展中国现代哲学，必须走中西会通、综合创新的路子。研习西方哲学是每个人不能少的准备，否则就不能踏入现代哲学的大门。

众所周知，西方人关于哲学学科的自觉，比中国大约早300年。我们显然是后来者，参考西方人的经验必不可免。现代哲学家普遍重视向西方人学习，希望从中得到借鉴。他们向西方学习，绝非照搬照抄，而是将着眼点放在西方哲学所体现出的共相上。既然是共相，意味着并非西方哲学专有，而是任何哲学形态都应当具备的，其中也包括中国现代哲学。除了蔡元培、胡适之外,冯友兰也意识到这一点。根据自己多年来研究中国哲学史的经验,冯友兰概括出钻研西洋哲学、搜集哲学史料、详密规划迹团、探索时代背景、审查哲人身世、评述哲人哲学等六点经验,其中"钻研西洋哲学"为首。他主张钻研西方哲学,绝非唯西方人马首是瞻,而是着眼于西方哲学所体现出的共相,帮助中国现代哲学家尽快树立自觉的共相意识。他认为,西方哲学和中国哲学之间有共同点,即所谓共相。例如,损道、益道、中道就是共相之一。所谓损道,主张返回自然,中国的道家和西方的叔本华等人均同;所谓益道,主张人力胜天行,中国的墨家和西方的黑格尔等人均同;所谓中道,主张人力辅助天行,中国的儒家和西方的亚里士多德等人均同。中西哲学之间的共相至少有以下三点:

第一,中西哲学皆以"道理"为研究目标,乃是一种"讲出道理的道理"。"道理"非西方人所专有,非古人所专有,而是人类不断探索的产物。中国传统哲学家讲出许多宝贵的警言隽语,但毕竟囿于自发水平,不擅长"讲道理"。在这一点上,传统哲学显然不如近代的西方哲学。所以,钻研西方哲学是从事中国哲学史研究的必要条件。钻研的目的不仅仅在于积累知识,而是提升"讲道理"的能力。"讲道理"必须诉诸理性,不能靠直觉。在20世纪初,直觉法很流行,有些人以为它是哲学独有的方法,冯友兰表示反对。直觉固然可以得到某种神秘经验,但没有提供充分的论证，不具有普遍性。理性方法则不然，讲究论证是否周延。在这一点上，现代哲学同科学是一样的，"无论科学哲学，皆系写出或说出之道理，必以严刻的理智态度表出之"[1]。

第二，中西哲学都是哲学家的系统思想，研究范围包括宇宙论、人生论、知识论三大部分。西方哲学的经验表明，"凡真正哲学系统，皆如枝叶扶疏之树，其中各部，皆是首尾贯彻，打成一片。……其实各大系统，皆有其一以贯之"[2]。西方人提供的思想框架，具有普遍意义，可以为中国现代哲学家所借鉴。中国古人留下的文字很多，但毕竟没有形式的系统。古人的实质系统，常常隐而不显，索解为难。冯友兰利用的是古人留下的材料，借鉴的却是西方哲学方法。他如果不借鉴西方哲学方法，便不可能写成两卷本的《中国哲学史》。

第三，中西哲学都是时代的产物，都反映哲学与历史之间的紧密联系。"任何哲学都是时代精神的精华"这句话虽出自西方人之口，但有普遍意义。冯友兰认同这一论断，强调"一时代之哲学即其时代精神的结晶也"。他在《中国哲学史》一书中，用大量篇幅介绍每种哲学产生的时代背

---

[1] 冯友兰：《中国哲学史》，北京：生活·读书·新知三联书店，2009年版，第5页。
[2] 冯友兰：《中国哲学史》，第11页。

景,这种写法在各种学案中都看不到。冯友兰认识到,一个时代有一个时代的哲学,哲学家的责任就是贡献出新的哲学,以满足时代的要求。他认为,自己所处的时代,是一个旧时代即将结束、新时代即将开始的特殊年代,可叫作"贞下元起"。适应时代的要求,他写成六本"贞元之际所著书",创立了不中不西、亦中亦西的新理学体系,成为抗日战争期间影响最大的哲学家。

曾经在美国、德国留学的贺麟,回国执教北大,任中国哲学会理事、西洋哲学名著翻译委员会主任,常年从事西方哲学名著翻译工作。他对西方哲学可谓精通,也发现西方哲学和中国哲学之间存在许多共相。比如,中国哲学有太极,西方哲学有本体,其实都是关于世界总体的哲学观念。中国哲学中有唯物主义与唯心主义之别,同西方相似;"西洋哲学家亦有儒者气象(如亚里士多德、康德、黑格尔、格林、鲍桑凯等),有道家风味(如伊壁鸠鲁、斯宾诺莎、布拉德雷、桑提耶纳),有墨家精神者(如孔德、马克思、边沁、穆勒等)"[1]。由此可见,哲学是人类公共精神的产业,各种哲学形态之间完全可以兼容。基于对共相的自觉认识,贺麟把二者融会贯通,建构了不中不西、亦中亦西的新心学体系。

在现代中国哲学起步阶段,向西方哲学学习原本是绕

---

[1] 贺麟:《近代唯心论简释》,上海:上海人民出版社,2009年版,第267页。

不开的一步,不意竟遭到某些人的诟病。诟病者指责现代中国哲学家"以西范中",开了个不好的头。这种指责与事实不符。现代哲学家只是关注西方哲学所体现出的共相,没有顾及殊相,怎么可以给他们扣上"以西范中"的帽子呢?他们固然运用了西方哲学资源,但并非照搬照抄,其中也有自己独到的思考和创新。胡适、冯友兰等人写中国哲学史,主要使用的还是固有的思想材料,所形成的见解都是自己的观点,很少引证西方人说的话。胡适提出的"明变、求因、评判"等方法,那是他自己的创造,与西方人无关。中国现代哲学家有出色的原创力,并没有落入"以西范中"的窠臼。诟病中国现代哲学的人,常常反对"胡话胡说",笔者认为这根本没有可行性。现代汉语中已漾入大量来自西方的话语,如果这些"胡话"都舍弃不用,人们将无话可说。有这样一件轶事:张之洞发现下属喜欢搬弄外国名词,遂下一道命令:"今后谁也不许使用外国名词。"下属悄悄告诉张香帅:"您说的'名词'二字就来自外国。"张之洞时代就已经离不开"胡话",现在就更不可能了。诟病现代中国哲学的人,主张"原汁原味""中话中说",也不现实。倘若一味保持"原汁原味",一味"中话中说",中国哲学将永远定格在自发水平上,何谈哲学学科自觉呢?

三、自觉的殊相意识

20世纪上半叶中国现代哲学迈出的第三步是树立自觉的殊相意识。发现殊相必须以发现共相为前提。经过长期的浸淫，现代哲学家逐渐摆脱单数哲学观，意识到哲学形态的多样性。由于各种哲学形态不一样，才会出现殊相问题。在中西哲学之间，仅仅发现共相还不够，还必须了解彼此之间的殊相，了解中国哲学的特色之所在。只有这样，才能建构出有中国气派、有中国风格的现代哲学。

最早意识到中国哲学与西方哲学之间有区别的学者是梁启超。他认为中国哲学的特点是关注人生问题，西方哲学的特点是关注世界并由此演化出认识问题。1927年，他在《儒家哲学》一书中指出："西洋哲学由宇宙论或本体论趋重到论理学，更趋重到认识论，彻头彻尾都是为'求知'起见，所以他们这学派称为'爱智学'，诚属恰当。中国学问不然，与其说是知识的学问，毋宁说是行为的学问。中国先哲虽不看轻知识，但不以求知识为出发点，亦不以知识为归结点，直译的 Philosop(h)y，其函义实不适于中国，若勉强借用，只能在上头加个形容词，称为人生哲学。中国哲学以研究人类为出发点，最主要的是人之所以为人之道；怎样才算一个人？人与人相互有什么关系。"[1] 这本书出版后两年，也就是1929年，梁启超不幸去世了，年仅57岁。他虽未来得及系统阐发自己的哲学观，我们无从断定他是否树立自觉的殊相意识，但他至少已接近中西哲学之间的殊相问题。

要想发现中西哲学之间的殊相，必须树立复数哲学观。在单数哲学观的视域中，认为哲学只有一种，看不到殊相之所在。按照胡适的"意义说"，似乎人生只有一种意义可讲，不必区分中西。按照冯友兰的"道理说"，似乎只存在一种道理可讲，不必区分中西。在中国现代哲学产生之初，强调共相有助于中西哲学的融合，但到后来则暴露出局限性，无法突显中国哲学的特色。

单数哲学观的突破者是金岳霖。他不认同胡适的"意义说"，也不完全认同冯友兰的"道理说"，另创"成见说"和"游戏说"。1934年，他在冯友兰著《中国哲学史》审查报告中写道："我很赞成冯先生的话，哲学根本是说出一种道理来的道理。但我的意见似乎趋于极端，我以为哲学是说出道理来的成见。哲学一定要有所'见'，这个道理冯先生已经说过，但何以又要成见呢？哲学中的见，其理论上最根本的部分，或者是假设，或者是信仰；严格的说起

---

[1] 夏晓虹编：《梁启超文选》，北京：中国广播电视出版社，1992年版，下册，第259页。

来，大都是永远或者暂时不能证明与反证的思想。如果一个思想家一定要等这一部分的思想证明之后，才承认他成立，他就不能有哲学。这不是哲学的特殊情形，无论甚么学问，无论甚么思想都有，其所以如此者就是论理学不让我们丢圈子。"[1]"讲道理"就是讲理性，对此金岳霖表示认同。现代哲学当然应该遵循理性主义的路径，对哲学结论尽可能作充分的理论论证，力求以理服人，而不能像旧哲学那样以势压人。不过，要想做完全充分的论证，十分困难。哲学结论以世界总体为研究目标，只能以观念的方式来把握。这种观念难以从形式逻辑的角度找到充分的理由，难以形成所有人的共识，不可避免地带有主观色彩，故金岳霖称之为"成见"。在某种意义上，"成见"就是"我见"，很难成为所有人的共识。任何"成见"都摆脱不了主观立场的限制。不能设想，一个持有"成见"的人，可以说服另一个持有"成见"的人，只好求同存异。由此可见，哲学形态不是单一，而是杂多。所谓"成见"并没有贬义，就是"一家之言"的意思。"成见"或"一家之言"当然有局限性，这种局限性不断地被突破，才促使哲学不断地向前发展。在这一点上，金岳霖的看法同蔡元培的看法倒是一致的。

据冯友兰讲，金岳霖在英国剑桥大学讲学时曾说过，

---

[1] 冯友兰：《中国哲学史》，第450页。

哲学是概念的游戏。在金岳霖那里，"成见说"和"游戏说"是一致的，皆认为对哲学结论很难做到充分论证。故而哲学形态有许多种，绝不是一种。接受某种哲学，有如认同某种游戏规则，只有如此，才能参与此项游戏。不能设想，中国象棋弈者可以同国际象棋弈者对弈。一个哲学家提出一种哲学体系，好比制定一套游戏规则。认同这套规则的人组成一个学派。在学派之中，规则也就由主观变为客观了。冯友兰在《中国现代哲学史》中表示认同金岳霖的"游戏说"，他写道："现在我认识到，这个提法说出了哲学的一种真实性质。试看金岳霖的《论道》，不就是把许多概念摆来摆去吗？岂但《论道》如此，我的哲学体系，当时自称为'新统'者，也是如此。"[1]

金岳霖的"成见说"或"游戏说"，已经触及哲学形态的殊相问题。不过，他并没有充分论证。他发现，中国哲学同西方哲学相比，至少有一种殊相，即工具理性上的知识论不发达。为了尽快补上这块短板，他用毕生精力研究知识论，无暇再顾及中国哲学其他殊相问题。

沿着金岳霖开辟的复数哲学观的路径，张岱年终于树立起自觉的殊相意识。1949 年之前，他就已写完《中国哲学大纲》，而出版则在 1982 年。在这本书里，他把复数哲

---

[1] 冯友兰：《中国现代哲学史》，广州：广东人民出版社，1999 年版，第 239 页。

学观表述为"类称"。他说:"我们也可以将哲学看作一个类称,而并非专指西洋哲学。"[1] 这意味着哲学是复数,绝不能是单数。哲学不是一门学问,而是一类学问。哲学好比一个大家族,各种哲学形态都是这个家族中的成员。哲学既然作为"类称",当然具有共相,但共相要通过殊相体现出来,不可能单独存在。西方哲学只是一种特殊的哲学形态,不能将其等同于哲学的共相。张岱年认为中国哲学也有自身存在的理由。出于对殊相的关注,张岱年认为中国哲学的主要特色至少有三点:

一是"合知行"。中国哲学属于实践型哲学,同西方的思辨型哲学有区别。"中国哲学在本质上是知行合一的。思想学说与生活实践,融成一片。中国哲人研究宇宙人生的大问题,常从生活实践出发,以反省自己的身心实践为入手处;最后又归于实践,将理论在实践上加以验证。即是,先在身心经验上切己体察,而得到一种了悟;了悟所至,又验之以实践。要之,学说乃以生活行动为归依。"[2] 由于这种区别,中国哲学的问题意识同西方哲学亦有区别。中国哲学不像西方哲学那样关注知识是如何形成的问题,而特别关注知行关系问题。

---

[1] 张岱年:《中国哲学大纲》,北京:中国社会科学出版社,1982年版,第2页。

[2] 张岱年:《中国哲学大纲》,第5页。

二是"一天人"。因为中国哲学具有重实践的特点,所以在哲学思维方式上也独具一格。"中国哲学有一根本观念,即'天人合一'。认为天人本来合一,而人生最高理想,是自觉地达到天人合一之境界。物我本属一体,内外原无判隔。但为私欲所昏蔽,妄分彼此。应该去此昏蔽,而得到天人一体之自觉。中国大部分哲学家认为天是人的根本,又是人的理想;自然的规律,亦即当然的准衡。而天人之间的联系者,多数哲学家认为即是性,人受性于天,而人的理想即在于尽性;性即本根,亦即道德原则,而道德原则乃出于本根。"[1] 中国哲学相信世界只有一个,不像西方哲学那样,刻意区分本体界和现象界,没有"本体真而不实,现象实而不真"的观念。在中国哲学的视域中,人与世界同在,故而主张天人合一。人天本属一体,物我本属一体。"天人既无二,于是亦不必分别我与非我。我与非我原是一体,不必且不应将我与非我分开。于是内外之对立消弭,而人与自然,融为一片。西洋人研究宇宙,是将宇宙视为外在的而研究之;中国人则不认为宇宙为外在的,而认为宇宙本根与心性相通,研究宇宙亦即研究自己。"[2] 西方哲学常常从自然哲学的视角出发,选择分析的进路;中国哲学常常从人生哲学的视角出发,讲究合内外

---

[1] 张岱年:《中国哲学大纲》,第6—7页。
[2] 张岱年:《中国哲学大纲》,第7页。

之道，选择综合的进路。

三是"同真善"。从实践哲学的视角看，本真与至善是同一的，存在本体与价值本体分不开。"中国哲人认为真理即是至善，求真乃即求善。真善非二，至真的道理即是至善的准则。即真即善，即善即真。从不离开善而求真，并认为离开求善而专求真，结果只能得妄，不能得真。为求知而求知的态度，在中国哲学家甚为少有。中国思想家总认为致知与修养乃不可分；宇宙真际的探求，与人生至善的达到，是一事之两面。穷理即是尽性，崇德亦即致知。"[1] 西方哲学中把求真与求善当作两个话题，求真未必就是求善；中国哲学研究哲学的目的在于"问道"。"道兼赅真善：道是宇宙之基本大法，而亦是人生之至善准则。求道是求真，同时亦是求善。真善是不可分的。"[2] 中国哲学看重善与真的一致性，看重本体论与伦理学的一致性，没有把二者分割开来。

中国哲学除了三个主要特点之外，还有三个次要一些的特点，即重人生而不重知论、重了悟而不重论证、既非依附科学亦非依附宗教。张岱年对于自己的特色理论并不满意，想做进一步的研究。令人遗憾的是，这成为他未竟之事业。

---

[1] 张岱年：《中国哲学大纲》，第7页。
[2] 张岱年：《中国哲学大纲》，第7页。

到张岱年为止，中国现代哲学合乎逻辑地迈出三大步。第一步是意识到在科学昌明时代哲学已成为一门特殊学科，成为关于世界观的学问。第二步是树立自觉共相意识，强调中西哲学可以融会贯通。第三步是树立自觉的殊相意识，认识到中国哲学有自身特色。第四步应当是发现共相与殊相的统一，但这一步笔者认为还未真正迈出，如何接着张岱年讲，仍是摆在我们面前的一项重大理论工程。

〔原题《从自发到自觉——20世纪上半叶中国哲学观念的变迁》，见《湖南社会科学》2024年第1期。〕

附录　儒学学者口述史：
宋志明先生访谈录

编者按：口述成史，另辟蹊径。2023年，尼山世界儒学中心（中国孔子基金会秘书处）推出"尼山文库·儒学学者口述史"项目，积极探求儒学学者个人的思想学术如何与社会变迁相交融、与时代发展相并行，以建立独具特色的儒学研究口述史文献库。宋志明教授，1986年毕业于中国人民大学，是该校首批博士学位获得者之一。他致力于中国哲学研究，主要研究方向为中国近现代哲学、传统文化与现代化。宋志明教授是中国大陆现代新儒家研究的开拓者之一，率先提出"现代新儒家"这一概念，并致力于推动儒学价值现代化转化。著有《现代新儒家研究》《薪尽火传：宋志明中国古代哲学讲稿》《中国传统哲学通论》《中国现代哲学通论》《熊十力评传》《贺麟新儒学思想研究》《冯友兰学术思想评传》等30余部著作，发表论文300余篇。

采访人：您早年生活、成长在东北，经历比较坎坷，有哪些机缘促使您走向学术研究之路？您在20世纪六七十年代当中，有哪些经历是跟后来的学术研究有关系？帮助您走向学术研究之路的贵人有哪些？

宋志明：1964年，我考入吉林市最好的高中吉林一中，其前身是吉林学堂，有上百年历史了。我是班上的尖子学生，作文曾得过95分，老师让我在同学面前宣读。一中的升学率在80%以上，我前程大好。想不到二年级时赶上"文革"，被迫辍学。我下乡当了一年半知识青年，有幸被抽调到吉林炭素厂，分配到304车间当一名熟练工人，老老实实在生产流水线上干了三年活。那时我已放弃学业，整天混日子，不思进取。304车间是吉林省"先进民兵连"，需要加强宣传力度。也许因为车间领导在黑板报上发现了我的"作品"，也许因为我在一中小有名气被人推荐，1973年我竟糊里糊涂地被调到车间写作班子，逐渐由"劳力者"变成"劳心者"。工友戏称我调到了"写作工段"。我经常脱产参与写文章，以集体的名义发表在报刊上。

我在车间劳动的时间越来越少，逐渐成了专事写作的"工人贵族"。1974年，吉林炭素厂成立工人理论队伍，我从车间里的笔杆子变身成为工人理论队伍的骨干。由于304车间"先进民兵连"在吉林省的名气很大，吉林大学哲学系、东北师范大学历史系纷纷来人，使我有了同大学老师接触与合作的机会，涉入领域越来越深。1974年9月，吉林炭素厂派我代表工人理论队伍到吉林大学哲学系同师生共同编写《荀子选注》。我家藏书不多，却有全套的《广注古文观止》，我不知读了多少遍；那时高中教材古文很多，使我具备一定的古文素养，这回算派上用场了。其他工人理论队伍成员大都不懂古文，会议上说不了话，只能用耳朵听。我跟他们不同，既"出"耳朵也"出"嘴。我的发言常常受到重视，被注释组采纳。当时分给哲学系的任务是《天论》《解蔽》《正名》《性恶》《礼论》《非十二子》等六篇，每篇要求有提要、注释、译文三个部分。每篇成立一个注释小组，每人分担一部分任务。我被分配到《礼论》小组。同年12月，《荀子选注》一书就由吉林人民出版社出版了，署名"吉林大学《荀子》注释组"。《荀子选注》项目刚结束，吉林大学哲学系紧接着启动《中国哲学史》教材编写。由于我在《荀子》注释组有良好表现，所以吉林大学老师指名要我加入编写组。吉林炭素厂表示同意，我又可以继续在吉林大学待下去了。吉林人民出版社对编教材很支持，列为重点出版项目，配置专门的编辑负责审稿。1974年底，《中国哲学史》编写组成立，由吉林炭素厂工人理论组、吉林大学哲学系联合署名。编写组分别由四个人牵头统稿。先秦组是吴锦东老师，汉唐组是吕希晨老师，宋明清组是朱日耀老师，近代组是陈庆坤老师。我最初被分配到先秦组，陈庆坤老师因参加工作队调出编写组，我顶替他成为近代组的牵头统稿人。编写组写成初稿，印行了 2000 册。粉碎"四人帮"以后，形势大变，该书未能正式出版。编写组也宣布解散，我又回到工厂。

帮我走向学术研究之路的贵人，共有七位先生。第一位是吕希晨老师，他是《中国哲学史》编写组的召集人，1933 年生于吉林省九台县（今九台市）。他是中国现代哲学的开拓者之一，著有《中国现代资产阶级哲学思想述评》，与王育民合著有《中国现代哲学史（1919—1949）》。他后来调到中共天津市委党校，成为教授，担任哲学部主任，曾专程到中国人民大学请我吃饭。第二位是吴锦东先生，他是从印尼归国的华侨，曾在北京大学哲学系进修过，同冯友兰教授关系密切。改革开放以后，他离开哲学系，弃学经商，在香港定居。我在读硕士生期间，曾同他见过面。他穿着洋气，我们交谈许久。第三位是朱日耀老师，生于 1926 年，内蒙古牙克石人。他原来的专业是联共党史，后转向中国哲学史，是吉林大学哲学系首批中国哲学专业硕士生导师。他曾任吉林大学党委宣传部代部长、教务处负责人、副校长等职务。著有《中国政治思想史》等书。我曾多次拜访过他，受他影响很大。第四位是陈庆坤老师，生于 1935 年，是中国人民大学哲学系首批本科生之一。毕业后分配到吉林大学哲学系任教，主编过《中国哲学史通》等书。曾任哲学系主任。他也是石公的弟子，曾多次到中国人民大学参加关于石公的纪念活动，还到我家做过客。我每次到长春他都设宴款待。我和这四位老师是亦师亦友的关系，我的学术积累是他们帮助完成的。

　　第五位是东北师范大学徐风晨老师，他是研究中国近代史的专家。我同徐风晨老师有过合作。1975年，他接到《吉林日报》编辑部理论版的约稿，请他务必同工人理论队伍合作，撰写一篇关于太平天国的文章。他找到了吉林炭素厂宣传科，夏科长把这项任务交给了我。我掌握的关于太平天国的历史知识自然无法同徐老师相比，但我也有自己的优势，那就是对"文革"话语方式比较熟悉。徐老师提供素材，我俩共同商定提纲，分头起草初稿，再同编辑一起斟酌修改定稿。我俩在《吉林日报》招待所忙了一个星期，文章终于写成了。可惜，时运不佳，由于受到"批《水浒》"潮流的冲击，竟没有见报。

　　第六位是我的硕士生导师乌恩溥教授，我是他指导的第一批硕士生之一，算是开山弟子。乌师1925年生于吉林通化，1948年6月毕业于东北大学，取得本科学历；1952年在中共中央东北局党校高级部（研究班）毕业，取得研究生学历。他是中华人民共和国培养的第一批中国哲学史从业者之一，曾经在中国科学院哲学所中国哲学史组工作多年。那时冯友兰先生担任组长，乌师则任党支部书记。"文革"前他作为工作队成员，派驻吉林工业大学搞"社会主义教育运动"。因"文革"爆发，他竟滞留在该校，没能返回北京。"文革"结束后，他调到吉林大学哲学系。他的主要著作有《周易——古代中国的世界图式》等多种，参与撰写冯契任主编的《中国近代哲学史》上下册,任副主编。我获得硕士学位很顺利,可是找工作却遇到了麻烦。原因在于两届硕士生、两届本科生都挤在一年毕业,供大于求。我们1979级硕士生毕业最晚,找工作的机会自然不多。乌师对我十分关心,曾为我毕业找工作的事情多次到东北师范大学找人帮忙,几经周折,总算找到一个接收单位——长春师范学院政治系,这所学校现在改称长春师范大学。我的师弟李景林曾对我说,乌师的孩子曾这样议论:"我爸对宋志明,比对我们还好。"的确如此,乌师对我的照顾可以说无微不至。我在学术成长的道路上,能遇上这样一位恩师,十分荣幸!乌师晚年先失明,后失聪,生活起居全由师母照料。我曾多次到长春看望他。最后一次见到他时,我们只能用师母在他的腿上写字的办法进行交流。

我遇到的最后一位贵人,就是我的博士生导师石峻教授,大家尊称他"石公"。具体情况以后再详谈。

采访人:您没有大学学历,如何能考取吉林大学哲学系首批硕士生?您的硕士毕业论文《新理学简论》是关于冯友兰的现代新儒学思想研究的,您当年是如何从事这项研究的?

宋志明:我没有大学学历,不等于没在大学待过。我在吉林大学哲学系编书待了两年多,以工人身份领略过大学生活。我在吉大享有特殊待遇,可以随便借书,经常用旅行袋装书,几乎读遍了有关中国哲学史的著作。我可以随便听课，还记有详细的笔记。我自觉知识水平并不在大学生之下，报考研究生有把握。1978年"文革"后，我国第一次招考研究生，我就报考了北大张岱年先生的研究生。当时只有北大和中国社会科学院招生，报考北大中国哲学史专业的考生很多，据说有300余人。我以同等学力的身份参加考试，初试居然通过了，通知到北大参加复试。参加复试的人只有15名，其中有我。复试分笔试和口试，我都通过了。复试后好久没有消息，我写信问讯张先生，得到的答复是"成绩合格，名次为后，不录取"。我很丧气，可一想，"名次为后"可能是托词吧，真正原因在于我和北大没有渊源。北大怎么可能录取一个没有大学学历的考生呢？这样想，我也就释然了。虽然初次考试失败，但我收获了信心。1979年，吉林大学哲学系首次招生，我再次报考，顺利地通过初试和复试，成了该系首批硕士生。

1980年，我们在开题时，负责研究生工作的系领导高清海教授对我们说，写毕业论文必须出新。有两条路可以选择：一是老题新作，二是新题新作。我选择了后一条路，决心开辟新的研究领域，遂选择冯友兰思想研究作为毕业论文题目。我选择这个题目的原因有两个：一是我在冯友兰家参加过座谈会，算是有感性认识；二是吉大藏书宏富，有整套的"贞元六书"，资料容易找。我汇报了自己的想法，得到高清海教授和导师的支持。高教授向我介绍了许多关于"新实在论"的知识。乌师告诫我，千万不要写出

"大批判"稿,应着眼于"研究"二字。我仔细阅读了吉大图书馆收藏的所有关于冯友兰的资料,还到北京、上海各大图书馆,查找相关资料。那时复印技术还不发达,全靠记笔记。我记了几大本笔记,总算把资料搜集齐全了。在充分利用第一手材料的基础上,我写出3万多字的硕士论文《新理学简论》。石公任答辩委员会主席,答辩委员一致认为,这是一篇优秀的硕士论文,建议授予硕士学位。我根据硕士论文,改成3篇文章。第一篇题为《论冯友兰先生的新理学》,载《中国近现代哲学史研究文集》,为《吉林大学社会科学丛刊》之一种;第二篇题为《新理学简论》,发表在《吉林大学研究生论文集刊》1984年第1期;第三篇题为《新形上学述评》,发表在《长春师范学院学报》1984年第2期。

采访人:1983年,36岁的您终于实现了到北京读书的夙愿,考取了中国人民大学的第一批博士研究生。作为中国人民大学的首批哲学博士之一,对您有什么意义?

宋志明:我觉得硕士只是过渡学位,还不是终极学位,博士才是终极学位。所以,我产生了攻读博士学位的想法。中国人民大学第一批博士生导师只有8位,考生只有16位,录取的考生是宋志明、卢冀宁、李德顺、曹远征、赵涛等5位。选择攻读博士学位,意味着我将终身以中国哲学史研究为志业。

采访人:您受石峻教授影响最大的有哪些方面?您当

时听了石公给中国哲学史专业的硕士生讲授的中国哲学史史料学,还选听了杨宪邦老师给硕士生讲授的中国现代哲学史课程,您有哪些收获?

宋志明: 我是石公指导的第一个博士生,算是开山弟子。石公1916年生于湖南零陵,现在改称永州。他是中国哲学史界著名的教授。1938年在北京大学哲学系毕业后,曾在北京大学、西南联大、武汉大学、中国人民大学执教。1957年,他参加在北大召开的关于中国哲学史研究方法的讨论会,发言批评"两军对战"模式,还写成文章在《人民日报》发表。后来,他索性不再写文章,甚至连讲义也不写,只列提纲。在公开场合,他总以庄重形象示人,但指导学生时还是保持实事求是的态度,绝不打官腔。他读书、藏书甚多,精通中外哲学名著,引用信手拈来,娓娓道出。跟他在一起让我如沐春风,这对我打下扎实的学术功底帮助很大。他很会讲课,我的演讲技术是从他那里学来的。石公曾向我传授经验,讲课要注意三点。第一,说话要慢,让听课学生有回味的时间,能跟上老师的思路。第二,要少而精,提出一个观点,要掰开来,揉碎了,讲清楚,切不可总是卖弄新名词。第三,讲课不仅用嘴,还要用眼睛,用眼睛把听者"组织"起来,通过眼神相互交流。眼食不如耳食,耳食不如心食,就是说听课是一种必要的学术训练。我听过石公讲授的中国哲学史史料学,听过杨宪邦老师讲授的中国现代哲学史。听课是一种熏陶,也是一种享受，能够体味讲者的思维方法和表达方式，往往能获得书本上得不到的"活知识"。

采访人：石公于1934年考入北京大学哲学系，他在北京大学读书时曾听过熊十力讲课。1985年12月，您陪同石公参加在武汉大学召开的"纪念熊十力先生诞辰一百周年学术讨论会"，这次讨论会安排他做重点发言，题目是《熊十力先生的学术道路》，没有写成稿子，系脱口而谈。您把他讲的内容整理成文，收入这次会议组编辑的《玄圃论学集》，由生活·读书·新知三联书店1990年出版，后收入《熊十力全集》附卷（上）。您如何评价石公的学术思想所受熊十力先生的影响？

宋志明：石公曾向我讲起当年听熊先生讲课时的情形。熊先生不喜欢到教室上课，就在家中上课。听课的人不多，通常只有五六个人。他喜欢禅宗式的"当头棒喝"，经常用粉笔轻敲听者的头，所以学生不愿靠近他坐。他还有个怪癖，冬天不生火取暖，听课时必须穿厚厚的衣服御寒。

熊先生对石公的影响，我觉得主要有三点。一是热爱、"同情"传统文化。熊先生热爱中国传统文化，石公也热爱中国传统文化，不轻言"批判"。二是浸润佛学。熊先生入南京支那内学院学习唯识学多年，却另创新唯识论，出佛入儒。石公在1949年以前写了多篇关于佛学的文章，是学术界公认的佛学专家。三是与时俱进。熊先生在成为学者之前，曾参加辛亥革命。他对中国传统文化没有"照着讲",而是"接着讲",力图把传统文化与当代文化结合起来。例如,他对"当仁不让"的解释是:表达独立精神,做响当当的汉子。石公也与时俱进,接受马克思主义,但不认同教条主义者的狂妄,力图把马克思主义基本原理同中华优秀传统文化结合起来。

采访人:任继愈先生在文章中提到,熊先生曾批评过某人,任先生的文章编入《玄圃论学集》一书正式出版时,把相关轶事删掉了。石公还说起此人的另外一件轶事。此人在北大读书期间很顽皮,老师上课板书时,他竟然把脚放到课桌上,引来同学异样的目光。等老师要回头时,他便迅速把脚从课桌上拿下,装着若无其事的样子。不知您现在是否方便评价一下某学者的学术得失?

宋志明:学者也是活生生的人,是具有多面性的。学者年轻时做些荒唐事不奇怪,可以理解,不妨碍他后来的学术发展。胡适曾醉酒街头,因殴打警察被抓进监狱,后来还不是做了北大校长吗?我相信任公和石公所说的都是事实。被他们批评的某公长期致力于中西哲学比较,很有所得。

采访人:您的博士论文是《现代新儒家研究》,研究梁漱溟、冯友兰、熊十力和贺麟四位现代新儒家,石公同意,张岱年先生表示反对。他反对的理由不是来自学术上的考量,而是来自政治上的考量,认为把梁漱溟、冯友兰、熊十力与贺麟等学者称为"现代新儒家"容易造成误解。一来他们并不自称为"新儒家",目前学术界也没有人把他们都归入现代新儒家学派;二来"儒家"的称呼在"文革"期间已经被搞臭,把这样一种贬义的称谓放在这些学者身上,是否有"大批判"的味道?他们是否会接受?您跟张岱年先生解释说:现代新儒家是中国现代史上出现的文化现象,进行客观研究,绝不是把他们当作"批评对象"来看待。经过交流,张岱年先生表示同意以此为博士论文选题。今天您如何思考和评价儒学的现代命运?

宋志明：儒学已经融入我们的血液中,不能轻言抛弃,也不能全盘保留。某些人视儒学为秕糠,欲清除而后快,结果失败了。我同意张岱年的学术观点,如今尊孔的时代已经过去了,批孔的时代也已经过去了,现进入到研究孔学的时代。儒学是一门历史的学问,一个时代有一个时代的讲法,各不相同。自古至今,仅《论语》的注本就有两千多种。我们不能照着前人的讲法讲,只能接着前人讲,讲出新意,并作现代诠释。现代新儒家已经画上了句号,可是现代新儒学没有画上句号,还要讲下去。儒学对于我们来说,就是须臾不可离的思想资源库,有待于开发。儒学曾蒙上封建主义的灰尘,批判继承是对的,但我们的落脚点常常只是批判而没有继承。现在应当改过来,落脚点应当是继承。"第二个结合"强调马克思主义基本原理要同中华优秀传统文化相结合,其中就肯定了儒学仍有生命力。我们不必沿袭现代新儒家的思路,应当适应新时代的需求,创造出马克思主义的新儒学。

采访人：您在回顾自己博士论文研究写作的时候，提到哲学史研究的路径。第一步从掌握资料入手，第二步是形成观点，第三步是形成结构。您在这方面有丰富的经验，是否可以给中国哲学史研究的学者们提出新的研究建议？

宋志明：谈不上经验丰富。我觉得这三步还是必须得走，否则会游谈无根。如今学术成果众多，学者大都用描述性语言表述，思想性不强，似乎是为了写作而写作。有人喜欢选冷僻的题目作文章，不管读者是否愿意读；有人以深奥冒充深刻，故意搬弄时髦术语，把简单事情说复杂了。我看这些毛病最好改一改。古人留下的只是思想材料，我们的责任是把思想材料变成活生生的思想。古人已离世，不再思、不再想，其实是我们自己在思、我们自己在想。长期以来，由于受教条主义的束缚，我们不敢思、不敢想，所以才造成思想性不强的情形。"第二个结合"之所以被称为"又一次的思想解放"，就是要从教条主义的束缚中解放出来。建议今后中国哲学史的研究者不要只谈某某古人如何如何，更要谈自己的所思所想。我们不但要弄清楚古人说了些什么，更要弄清楚古人为什么这样说、我们该怎么说。

采访人：1986年10月初，您的博士论文答辩在中国人民大学举行，当时很吸引人们的眼球。请问具体的情形如何？有什么历史意义？

宋志明：我的毕业论文答辩被安排在1986年10月初。由于这是中国人民大学历史上第一次举行的博士论文答辩，自然引起大家的关注。答辩在人文楼一间大会议室内举行，来旁听的人很多，将会议室挤得满满的，连走廊里也站满了，估计有上百人之多。答辩委员会主席由任继愈先生担任，委员有石峻、朱伯崑、杨宪邦、张立文、方立天五位先生。张岱年、辛冠洁、乌恩溥、丁宝兰、方克立、楼宇烈、吕希晨教授都写了评阅意见。石公嘱咐我，答辩不要回避问题，要尽量把道理讲透。我按照石公的吩咐，做了简要的论文陈述，力求最充分地回答问题。在答辩委员中，朱伯崑先生提出的问题最多，与我对话的时间最长。答辩委员会对我表示满意，经投票表决，一致同意通过博士论文，建议授予我博士学位。校刊编辑部把博士答辩当成新闻，派人到现场拍照。事后还配发照片，做了详细的报道，并拿出半版的篇幅，为每位博士生发表一篇访谈记。关于我的访谈记出于已故副校长周建明的手笔，题目是《群体意识应建立在承认个体的前提之上——访我校第一批通过博士论文答辩的宋志明同志》。

这次答辩揭开了中国人民大学历史新的一页，从此博士教育开始起步。中国人民大学的博士生教育事业发展很迅速。1983年招生只有5名，是个位数；现在招生每年上千人，是4位数。如果没有当初的个位数，也就没有现在的4位数。

采访人：您本来是中国研究现代新儒家的第一人，可是在出版方面却让郑家栋抢了先。您写完博士论文《现代新儒家研究》一书，他刚到南开大学哲学系读博士不久，还没有动笔。在方克立老师的帮助下，他撰写的《现代新儒学概论》，抢在您的博士论文正式出版之前，于1990年在广西人民出版社出版，拔了个头筹，而您的博士论文于1991年出版，落在了郑家栋的后面。今天看来这先后并不太重要，您如何理解和评价学术研究的先后？对相关的学术研究同行您有哪些评价？

宋志明：郑家栋是我的师弟，硕士也毕业于吉林大学哲学系。我是第一批，他是第二批。我毕业后吉大哲学系才招第二批，所以在学校我们没有见过面。他撰写《现代新儒学概论》于1990年出版，我的博士论文1991年出版，确实比我早一年。原因是我的毕业论文石公早就交给张岱年先生，准备纳入张岱年先生主编的"历史与未来"丛书，由山东人民出版社出版。可是社里出了经济问题，迟迟不能出版。我只好撤回文稿，改由中国人民大学出版社出版。这么一折腾，就比郑家栋晚了一年。我觉得学术乃天下公器，谁先谁后并不重要。我国研究现代新儒家起步比较晚，发展却很迅速。早期的著作偏重于"述"，后来的著作偏重于"评"，从中看得出发展的轨迹。我在写博士论文的时候，学术界还没有认可现代新儒家的概念；现在不但认可，而且研究队伍越来越大，这是好事。

采访人：1982 年，您还在读硕士期间，就在《中国哲学史研究》上发表了《心与物》的论文。请问今天您如何看待心物关系？

宋志明：那篇短文约 3000 字，发表于 1982 年，已经是 40 多年前的事情了。我在北大复试期间，结识了许抗生先生。1979 年中国哲学史学会成立，创办了专业刊物《中国哲学史研究》，许先生是该刊编辑。1981 年，在杭州召开中国哲学史学会主办的关于宋明理学的国际学术研讨会上，许先生邀请我写这篇文章。那时中国哲学史界掀起研究哲学范畴的热潮，我写这篇文章，算是投入其中。40 多年过去了，文章有些观点已经过时。按照我今天的看法，中国古代哲学史确实探讨过心物关系问题，但结合天人关系问题一起讲，没有"独立外物"的观念。这种特点，文章没有说清楚。

采访人：您的博士论文《现代新儒家研究》在山东人民出版社压了好久，迟迟不能出版。后经石公推荐，中国人民大学出版社总编辑李淮春教授同意纳入"中国人民大学博士文库"出版。1991 年，《现代新儒家研究》一书面世。石公为此书作序，希望您"在这一科学领域内，继续努力，扩大研究范围，加深理论探讨，沿着思想性和科学性统一的道路前进，勇于再攀高峰，获得更加丰硕的成果"。应该说，您在这个研究领域的确没有辜负石公的期盼和教诲，回首过去，您在新儒家研究方面有什么心得？

宋志明：我们应当讲出马克思主义的新儒学，这是"第二个结合"的题中应有之义。我同意冯友兰先生的观点，现代新儒家是新文化运动的"右翼"，不是新文化运动的反对者。他们不认同马克思主义，但并不妨碍其促进儒家的现代转化。他们并不拘泥过去的讲法，而是接着讲、讲新意。他们不认同马克思主义，也不受教条主义的伤害，所以能取得一些我们无法取得的成果，值得深入研究。我在研究新儒家方面，最大的感触就是做学问要独立思考，不能人云亦云，不能哪里枪声急就往哪里冲，要敢于走别人没有走过的路。用鲁迅的话说，就是敢做第一个吃螃蟹的人。

采访人：您在回忆求职过程时说，在没有沟通的情况下，哲学系副主任杨彦君和中国哲学教研室主任杨宪邦早已把留人报告打到学校去了。实际上您并没有自主选择的余地，到处找工作，等于瞎忙活。您只有服从组织安排，留在中国人民大学中国哲学教研室当老师。您说如果当时去了中央党校，有可能会走上从政的道路，未必能够成为一位学者。而留在中国人民大学，由于只有做学问这样一条路可走，可以心无旁骛，成为一位名副其实的学者。您如何理解人生的因缘和际遇？对自己的学术研究历程，是否觉得更多是命运的安排？

宋志明：我获得博士学位后，本来中央党校已接收我，是学校把我留下任教。留在学校，我并不后悔。如果到党校，我可能走从政的道路。可是凭我耿直的性格，不善于变通，可能摔跟头。我似乎更适合做学问，留在中国人民大学教书挺好，我从业余理论工作者变成专业理论工作者。我曾经虽"双肩挑"，只是增加一些历练而已，始终还是坚持做学问。可以说，从政是"半心半意"，做学问可是全心全意。离开行政职务以后，我便返回教学第一线，连续六年给本科生讲授中国哲学史。

人生道路不是自己能选择得了的，只能随遇而安、相机而动吧。回顾自己走过的道路，不能说"理所当然"，可能是"势所必至"吧！我不相信有什么命运安排，心想事成只是美好的祝福语，别当真。心想十件事，能成功一件就不错了。我从27岁在吉大编书始，几乎一辈子都同中国哲学史打交道，也算是一件幸事吧！

采访人：您是中国大陆现代新儒家研究的开拓者之一，率先提出"现代新儒家"这一概念。您后来才接触和理解港台新儒家，您如何评价港台新儒家的代表人物？

宋志明：我的博士论文题目是《现代新儒家研究》，有点名不副实，叫作《大陆新儒家研究》比较贴切，因为当时看不到港台新儒家的著作。后来我写《中国现代哲学通论》一书，补进了关于港台新儒家代表人物的看法。

我认为，唐君毅是仁者型的港台新儒家。他侧重于从正面疏通中国文化的精神与价值，纠正民族文化虚无主义倾向。他熟悉西方哲学，也从"生命进路"切入；但同熊十力相比，还是向前推进了一步。他的本体论思想更加凸显人文色彩，指向道德理性。他不再以佛教为对话的主要对手，而更加重视中国哲学与西方哲学的比较和会通。他借鉴德国古典哲学，尤其是黑格尔哲学，重新诠释儒家的心性之学，力图证明"道德自我"的本体论地位。

徐复观是勇者型的港台新儒家。他对形上学思辨不感兴趣，甚至对师友有所批评，怀疑他们"把中国文化发展的方向弄颠倒了"。照他看来，儒学的根基就是"仁心"或"本心"，没有必要对其做形而上的本体论证明。"仁心"规定人生的价值或意义，认同这一价值意义的源泉，并且由此引出生活格局、社会秩序，这就是儒家思想的基本路数。他不愿意思考本体论问题，以免使人们把儒学研究这条路看成畏途。与其费力地探讨"内圣"作为本体如何开出，不如探讨"新外王"也就是科学和民主如何建立。这样，才会使新儒家更具现代感、更有社会影响力。

牟宗三是智者型的港台新儒家。他沿着生命—人文—道德的进路，明确地提出"道德的形上学"概念，最后完成对新儒家思想的本体论诠释。牟宗三指出，"道德的形上学"不同于"道德底形上学"。西方有"道德底形上学"，而没有"道德的形上学"。"道德的形上学"是儒家的专长。他用三个术语评判传统儒学：一是道统，即"道德的形上学"，这是儒学最突出的理论成就；二是学统，即科学知识，传统儒学对此不够重视；三是政统，即民主政治，在这方面，儒家"只有理性之运用表现"而无"理性之架构表现"。总之，传统儒学"有道统而无学统与政统"。传统儒学事实上并未开出"新外王"，但不意味着现在不能开出。让儒家同科学和民主"接榫"，是现代新儒家的责任。

采访人： 您指出，现代新儒学是发端于五四运动后期的重要思潮，以"援西方哲学入儒"为基本特征；继宋明理学之后对儒家思想做出重大改造，构成儒学发展的新阶段。您认为大陆和港台新儒家的研究成果对未来儒学发展的意义是什么？

宋志明： 我认为，中国进入现代社会以后，需要解决三个理论问题：第一个是儒家传统价值理性如何实行现代转换，第二个是如何获得科学知识，第三个是社会如何改造。与三个问题相对应，形成了现代新儒学、中国实证哲学、中国马克思主义哲学等三大思潮。中国现代哲学史的思想地图被"三分天下"，新儒学占有其一，难道不应该受到重视吗？对于解决第一个问题，新儒家是有贡献的。儒家历来主张维护群体性，先人早已实现以"儒学代宗教"的愿景，这个传统难道不该继承吗？在任何社会里，都需要维护群体性；没有这种观念，社会建立不起来。世界大多数国家都靠宗教维护群体性，中国也许是个例外。中国不需要任何宗教，可是不能没有儒学。在历史上，儒学培育了无数仁人志士、民族英雄，他们是中华民族的脊梁，今后还会发挥这种作用。这就是大陆新儒家存在的意义。

至于港台新儒家，则进一步推动了儒学的现代转化。借鉴他们的思路，可以帮助我们走出教条主义藩篱。

1949年中华人民共和国成立以后，大陆新儒家不复存在。在思想改造运动中，除了熊十力之外，大部分学者都宣布放弃原来的思想体系。熊十力即便没有宣布放弃，也不能走原来的路子了。在大陆新儒家解体的情况下，港台新儒家异军突起。新儒家大都接受过新式教育，其中有人还在国外获得博士或硕士学位，他们在中西哲学对比中讲新意。相比较而言，大陆新儒家比较重视中西哲学之所同，意思是西方人有的东西，儒学中也有。比如冯友兰把儒学同新实在论融合在一起讲，贺麟把儒学同新黑格尔主义融合在一起讲，梁漱溟和熊十力把儒学同柏格森主义融合在一起讲，建造各自的新儒学体系。港台新儒家接着大陆新儒家讲，但比较重视中西哲学之所异，意思是儒学中有的东西，西方人没有。比如，唐君毅认为西方人只达到"归向一神境"，而儒学达到了最高的"天德流行境"，比西方人高出两个档次。牟宗三指出，西方人认为人没有"智的直觉"，讲不出"道德的形上学"；儒家认为圣人有"智的直觉"，完全能讲出"道德的形上学"。

采访人：您在写作《现代新儒家研究》《现代中国哲学思潮》《熊十力评传》《冯友兰学术思想评传》《贺麟新儒学思想研究》等著作的过程当中，主要的理论得失是什么？

宋志明：这几本书写得比较早，有得也有失。先说

"得"。我撇开简单否定的偏见,把现代新儒家人物当成学者看待,予以中肯的评判,开辟了新的研究领域。再说"失"。由于当时"左"的风气还没有完全被破除,不得不考虑如何过关的问题,必须小心谨慎。现在看来,"述"的成分比较多,"评"的力度还不到位。

采访人:您一直致力于传统的现代转换,这方面您取得了哪些成绩?您为什么要写作《20世纪中国实证哲学研究》?

宋志明:我出版过《现代新儒家研究》《儒学新诠》等书,的确在推动儒学价值现代转换方面做过一些努力,对于端正学风可能有帮助,但谈不上取得什么成绩。中国现代哲学面临三个问题,对于"科学知识如何获得"的问题,中国实证哲学家贡献突出。实现中国式现代化,不仅需要培育价值理性,也需要培育工具理性。中国实证哲学有助于现代性培育,有助于工具理性的培育,值得研究。所以我和我的学生孙小金合作写了这本书,对中国实证哲学思潮做了梳理。

采访人:您认为新儒家对"全盘西化"思潮做出过强有力的回应,取得过许多理论思维成果,但也带有明显的局限性。这方面您如何评价?

宋志明:在三个问题中,新儒家在促进传统价值观转换方面,取得一些成绩,在后两个问题上,他们没有提出什么有价值的见解,乏善可陈。

采访人： 您认为，现代新儒家是从新式知识分子中走出的学术群体，他们对儒家传统抱有深深的同情和敬意。这种同情和敬意，在今天复兴传统文化的时代有什么意义？

宋志明： 对儒家表示同情和敬意是现代新儒家的发明，应当予以肯定。按照"第二个结合"的说法，必须把马克思主义基本原理同中华优秀传统文化结合起来，其中就包含对儒家的肯定。所谓"同情"，是针对一味否定而言；所谓"敬意"，是针对一味批判而言。我们曾经上演过"批林批孔"的闹剧，荒唐地把"批孔"同"批林"捆绑在一起。这个教训应当汲取。

采访人： 您担任过中国哲学史学会副会长、中国现代哲学史研究会会长、中国社会科学情报学会副理事长。担任这些学术职位的机缘是什么？有什么得失？

宋志明： 我在担任中国哲学史学会副会长之前，曾任秘书长。前任秘书长在没有得到任会长允许的情况下，擅自出版另外一种版本的《中国哲学史研究》，学会受到国家新闻出版署停业整顿的处罚。他把学会的公章、任公的名章、外面捐赠的财物统统拿走，拒绝交还。在这种情况下，在京常务理事召开紧急会议，决定罢免前秘书长，投票一致同意推选我接任。我担任秘书长以后，重刻公章、会长名章，声明此前公章和名章作废，重新出版《中国哲学史》，删掉"研究"二字，以示与原刊有区别。前任秘书长在9年时间内未开展任何学会活动，我接任后重新恢复学会活动，每年至少开一次年会。秘书长卸任后我当选副会长，以后连任，直到70岁。因为按照民政部规定，我需退出职务。我曾经是中国现代哲学史研究会的创会副秘书长，接许全兴教授任会长，卸任后任荣誉会长。中国社会科学情报学会创立时，人大书报资料中心捐过一笔款，那边给了一个副理事长职位。我任中国人民大学书报资料中心的总编后，接任副理事长，退职后旋即离任。

这些职务没有任何报酬，只是一种社会工作。对于我而言，也是难得的历练。尽管要赔上一些时间，还是值得的。

采访人：您长期主管人大复印报刊资料，在任期中您有什么得失？

宋志明：我以教授身份兼任人大书报资料中心总编，最大的收获是带出一支编辑队伍，成功地进行了改革。书报资料中心是由人大图书馆创办的，从事编辑的人员没有编辑思路，只是采用资料员的办法，分门别类地编成文本，不做栏目，采用粘贴技术复印出版。他们没有编辑意识，职称也不走编辑系列，而走图书馆系列。我到任以后，出版署实行改革，给了人大书报资料中心148个刊号，也就是把中心的刊物纳入出版系列。我相应做了改革，把从事编辑工作的人员统统纳入出版系列。刊物也做了改版，放弃粘贴工艺，改为录入排版，设置栏目，更换封面。出版物已经走向正轨，不再一律是"大白皮"，完全按编辑要求办刊。有的刊物采用彩色封面。刊物改版后书报资料中心收入有较大增长，走出了困境，刊物面貌焕然一新。现在这支编辑队伍已经成熟了，素质有较大提升，许多人拥有博士或硕士学位。

最大的遗憾是改制失败。人大书报资料中心是中国人民大学下属的一个半行政半企业的处级单位，实行"企业化单位，事业化管理"。通俗地说，就是"非驴非马"。书报资料中心同学校之间的产权不清晰，受到的行政干预也太多。书报资料中心的主要领导一律由学校派出。书报资料中心体制奇特，居然"一社两制"：只有少部分员工属于"公有制"，大部分人员属于"集体所有制"。在前信息时代，书报资料中心承担提供海量信息的任务，发行量很大，一度订户激增。出版署给予中心自主办刊、自主发行的特殊政策，中心一下子办了几百种刊物，人手严重不足。书报资料中心的用人需求在计划经济体制内不可能得到解决，只好自己想办法，创办名为"仁达公司"的集体所有制机构，从社会上招聘人员。招聘来的人不属于中国人民大学员工，只属于仁达公司员工。公司名义上有自主权，可法人代表却是书报资料中心主任，就像一锅粥，无法分清楚你我。公司名义上有经营权，可干啥啥不行，还得在书报资料中心吃"大锅饭"。到信息时代，中心的海选功能被网络取代，只能走精选的路子。订户明显减少，用不了那么多人了，两种所要制人员之间的矛盾开始显现出来。集体工是招聘来的，有"进口"没"出口"。有些集体工明明不称职，也不能把他辞掉，还得设法给他找饭吃，隐形失业现象很严重。我们响应出版署号召，打算走市场化改革道路，但没有成功。由于中心最初没有在北京工商管理部门注册，几十年都处在非法经营状态，只是工商管理部门没有追究而已。我在任的时候，帮助中心在国家"编制办"注册成功，才解决了经营合法性问题。现在采取的还是老办法，中心的主要领导仍由学校组织部门派出，已经换了好几茬了。

采访人：您认为今天特别需要新的中国哲学史，请问您的新作的新意何在？有何心得？

宋志明：旧著中国哲学史教材大部分已经不能用了。旧著教材主要存在三个问题。一是缺乏中国感。旧著教材用外来的"何者为第一性"的问题"剪裁"中国哲学史，没有捕捉到中国哲学自身的问题。中国哲学的基本问题是"究天人之际，通古今之变，成一家之言"。旧著教材好像是一群局外人写的，体现不出中国味。二是缺乏哲学感。旧著没有问题意识，只限于叙述而没有评论，缺乏思想性。旧著教材哲学语言贫乏，翻来覆去就那么几句话，只好靠大量引文充斥篇幅。三是缺乏历史感。哲学史应当是问题出现或转换的历史，同朝代更迭没有什么关系。旧著教材只围绕"何者为第一性"这样一个外来问题写，不可能呈现名副其实的哲学史，只能写一些历朝历代同哲学有关的事件或人物，写朝代更迭。由于没有抓住逻辑线索，旧著教材不过是知识碎片的堆积而已，有如一盘散沙。客气地说，叫作"封神榜"；刻薄地说，叫作"点鬼录"。读这种哲学史，不会有历史感，起不到锻炼理论思维的作用。

我批评旧著教材，并不是批评任继愈先生。他只是挂名主编，也是上指下派，不必负文责。那个年代我们都经过，谁没有说过违心话？谁没有办过违心事？任公也不能免俗。迫于压力，任公只能按照教条主义者指令，遵照"两军对战"模式，把教材弄成这个样子。近年出现的中国哲学史新版本比旧版本有进步，可惜还没有跳出朝代更迭的框架，哲学感不强、历史感不强的问题依然没有解决。我写的版本希望有所突破，具体情况咱们以后再谈。

采访人：您的人生经历对研究中国哲学有什么影响？您认为中国哲学主题是人生哲学吗？应该如何把握？

宋志明：我的人生经历还算丰富：读过名校，当过农民，当过工人，当过劳力者，也当过劳心者。如果说这种经历对研究中国哲学有什么影响的话，那就是体会到要清清白白地做人、堂堂正正地做事、认认真真地写书。先说清清白白地做人。无论做什么工作，都得讲良心，上对得起天，下对得起地，问心无愧。我任总编时，有人想贿赂我给我寄钱，我都通过办公室返还，分文不取。再说堂堂正正做事。我是劳力者出身，后来做了劳心者。我时刻牢记任何时候都不能瞧不起劳动人民，干什么都得自立，绝不依附他人。最后说认认真真写书。我只写自己的真情实感，绝不装腔作势、欺世惑众。无论做人，还是做事，脑袋要长在自己身上。有些人的脑袋好像长在别人身上，自己永远不提观点，只等别人提出观点，来做拙劣的论证。这样的文章我不喜欢读，我只喜欢那些有独到见解的文章。我已经退休多年，年逾古稀，接近耄耋，没有义务给任何人打工了。我决不写命题作文、应景文章，只写自己想说的话。

说中国古代哲学以人生哲学为主题没错，但不能说整个中国哲学都以人生哲学为主题。近代以来，中国哲学已从人生哲学转向自然哲学。孙中山先生把进化分为三个时期，第一个时期是"物质进化"，那时候人类还没有出现。近代中国哲学在价值观方面坚持天人合一思路，在世界观方面已开始讲究主客二分了。中国古代人生哲学作为一种做人的学问，今天仍需要；可惜没有讲如何成才，也有局限性。时至今日，不但要讲究怎样成人，也得讲究怎样成才。两手抓，两手都要硬，一个也不能少。

采访人：您大概从何时开始，自己对哲学有独到理解？您认为自己的哲学观是什么？

宋志明：2008 年，我已满 60 岁，从总编岗位上退下来，重新回课堂给本科生讲授中国古代哲学史，开始对哲学有新的理解。我认同关于哲学的三种提法。

第一种是哲学的原初义，就是古希腊人提法，音译

"菲拉索菲"（philosophy），译成中文叫"爱智慧"。这就是哲学的来历。"爱智慧"其实是一句动宾结构的短语，并非一个词。"爱"是谓词，表示"追求"的意思。每个人都可以成为智慧的追求者，但谁都不是智慧的占有者。"爱智慧"，永远在途中。"智慧"是宾词，泛指人类取得的一切思维成果。在古希腊，哲学包含着尚不够成熟的科学，是一门包罗万象的学问。该短句隐去了主语，那就是人，说全了应当是"人爱智慧"。这个人，显然不是抽象的人，而是具体的人，是属于某民族的人。他可能是西方人，也可能是中国人。任何民族都有进行哲学思考的权利，绝不是只许你爱，不许我爱。这就决定哲学必定是复数，不是单数。哲学的原初义表明，示爱的主体多种多样，各民族的人对世界总体的领悟绝不会相同。换句话说，哲学是人类的公产，不是西方人的专利。示爱的方式也多种多样，因民族而异。西方小伙子弹吉他可以求爱，中国小伙子唱山歌何尝不可以求爱？古代中国虽然没有"爱智慧"的提法，但有类似的主张，如"弘道""穷理""通几""求是"等，统统表达了"爱智慧"的意思。在中国文献中，"哲"本身就有"智慧"的意思。《尚书·皋陶谟》说："知人则哲。"《尔雅·释言》说："哲，智也。"孔子说："哲人其萎。"这些都涉及"哲"字。日本学者西周把希腊语"菲拉索菲"译成"哲学"很贴切，故而很快得到中国学者的认同。中华民族"爱智慧"由来已久，中国哲学史学科完全可以成立。那种质疑"中国哲学合法性"的怪论，是愚蠢的无稽之谈。

第二种是哲学的后起义，称哲学是"关于世界观的学问"。在近代西方，各门科学纷纷从哲学母体中独立出来，方显出哲学的本来意义。哲学同科学各有分工：科学是关于物质世界局部的学问，可以对象化；哲学是关于世界总体的学问，不能对象化。哲学所说的"世界"，既关涉物质世界，也关涉精神世界。对于物质世界，人们可以达成共识，人类毕竟只有一个地球，拥有共同的家园。至于精神世界，同民族性格有关，很难达成共识。人有思维能力，有想象能力，所构筑的精神世界不会相同。这决定哲学是"多"，不是"一"。我同意王国维先生的说法，哲学没有中外之分，只有好坏之别。凡是能帮助人安顿精神生活的，就是好哲学；如果做不到这一点，就是坏哲学。说中国科学一度落后于西方，我承认；说中国哲学落后于西方，我不以为然。中西哲学的差异，有如中医和西医的差异，都能看病，都有看不了的病，不能说谁高谁低。从哲学是"关于世界观的学问"的说法中，也印证了哲学是复数的道理。人永远是世界中的"演员"，而不是世界的"观众"，无法在世界之外找到观察点。人就在世界中，怎么观呢？这个"观"字，显然不是观察意义上的"观"，只能是观念意义上的"观"。能提出这种观念的人，就可称为哲学家。在这里，"观"的主体是多，"观"的方式也是多。无论怎么看，哲学都是复数。中国哲学位列其中，合情合理。我们先民提出一系列关于世界总体的观念，如道、气、万物、宇宙、大全、大有、大一、大化、本体、无极、太极、天理等，怎么就不能称为哲学家呢？

第三种说法出自罗素之口，他没有说"哲学是什么"，只说"哲学不是什么"，采取划界的办法界定哲学的论域。罗素认为，哲学有别于宗教，也有别于科学，乃是介乎二者之间的"无人之域"。哲学的一头连着宗教，可宗教只关注精神世界；另一头连着科学，可科学只关注物质世界。哲学对物质世界和精神世界都关注。罗素承认哲学的多样性，没有把中国哲学排除在外。中国学问显然不能称为宗教，因为宗教在中国并不发达；也不能称为科学，因为科学在中国并不受重视。按照罗素的说法，称中国传统文化为哲学最合适。中华民族天生就是一个爱好哲学思考的民族。中国人协调人际关系，靠的是哲学伦理学，不是宗教伦理学。大多数中国人没有"下辈子"观念，相信此生此世就可以内在超越、自我完善。中国哲学始终是中华民族不可或缺的精神支柱。

总体来说，我的哲学观就是复数哲学观，要破除哲学是单数的旧观念。我写了《中国古代哲学研究方法新探》一书，写了《论中国哲学史学科建设的三个思想障碍》《天人之辨：源头、演化与启迪——重写中国哲学史刍议》《哲学是单数吗？——兼论中国哲学史学科建设的前提》等文章,提倡复数哲学观,摒弃单数哲学观,希望引起大家的注意。我认为,讲中国哲学史不能按照着任何外国模式讲,必须牢牢抓住中国人自己的问题意识、自己的文化特征。

采访人: 您认为如何走向现代哲学?您认为当代中国哲学应该如何发展?

宋志明: 中国哲学走向现代始于新文化运动。从1919年开始,中国逐渐形成了一支专业的哲学家群体,其中著名者有蔡元培、胡适、李达、金岳霖、冯友兰、梁漱溟、熊十力、张东荪、艾思奇等人。张东荪创办哲学专业刊物《哲学评论》,后来变成中国哲学会的专刊。哲学家出于自觉的哲学学科意识,创立一个个哲学体系,出版了《中国哲学史大纲》《新理学》《论道》《新唯识论》《社会学大纲》《大众哲学》等一系列哲学专著。北京大学率先创立哲学系,后来建立哲学系的大学还有五个。现代新儒学、中国实证哲学、中国马克思主义哲学等三大思潮纷纷登场,改变了中国人的思想面貌。1980年,我在撰写硕士论文《新理学简论》时,就已涉入中国现代哲学史研究领域了。

当代中国哲学是"接着"中国近现代哲学传统讲的,可不能"照着讲"。所谓"接着讲",意味着要讲出符合时代精神的新意。当代中国哲学是民族性与时代性的统一,是一门发展中的学问。它不是古代某种哲学的"翻版",必须体现出当下时代精神的精华。我在《中国现代哲学通论》

一书中建议，应当做好五件事情。第一，适应现代化，走自己的路。第二，适应全球化，拓宽发展空间。第三，坚持正确方向，把握发展契机。第四，回应中国实证哲学思潮，化理论为方法。第五，回应现代新儒学思潮，化理论为德性。

采访人：您对今天复兴、弘扬中华优秀传统文化有什么看法和期待？

宋志明：我建议"复兴"的提法，最好改为"振兴"。"复"的意思是要求回到某某人那里去，可是时代总在发展，想回是回不去了，"今日之水，非昨日之水"。所以"振兴"比"复兴"贴切。振兴是往前看，复兴似乎是往后看，这是我的理解，不一定对。我们对待传统文化的态度有过惨痛教训。我们曾经敌视传统文化，大搞"破四旧"，不知毁了多少文物，现在想起来痛心不已！现在端正对传统文化的态度，也许是一种悔罪。今天的中国是历史中国的继续，传统文化是我们无法摆脱的基因，有如黄皮肤、黑头发一样，永远摆脱不了。传统文化给我们留下一笔宝贵遗产，我们没有任何理由拒斥这笔遗产。我们对于传统文化也不能全盘继承，要有分析，找出优秀的成分和不优秀的成分，只继承优秀的成分。优秀与否是我们做出的价值判断，跟古人无关。我们评价优秀与否的标准，就是现行的中国特色社会主义制度：凡是有利于现行制度的就是优秀文化；不利于现行制度的就不是优秀文化，应该抛弃。

比如，"君叫臣死，臣不敢不死"，现在没有君了，成一句废话了。"传统文化"中的"传"，是个动词，意思是说，我们可以根据自己的精神需要，对先民的理论思维成果做出选择、诠释和发挥。从这个意义上说，传统不属于过去时，而属于正在形成过程中的现在时乃至未来时。简单地说，传统不是死的，而是活的，应同时代性保持一致。"传统文化"中的"统"，是个名词，是指中华民族精神与价值观核心，并不是以往某些人所标榜的道统。在中国，社会主义必须有中国特色，中国特色的来源之一，就来自我们的传统文化。优秀传统文化中自强不息、实事求是、辩证思维、以人为本、内在超越、有容乃大的精神，是当今文化与优秀传统文化之间的接点，值得进一步发扬光大。

采访人：您认为今天要如何走出中国哲学研究的新路？

宋志明：粉碎"四人帮"以后，人们思想逐渐解放，又写出许多版本的中国哲学史，我大部分都读了。我的体会是，"两军对战"的模式已经被抛弃了，可是哲学感不强、历史感不强的问题还没有解决，还有重写的必要。我以个人之力，写了《中国古代哲学通史》和《中国近现代哲学通史》，已出版；写了《简明中国哲学史读本》，三十多万字，想用通俗的文字表述中国哲学史，已交稿，待出版。我写的这些书，从不指望成为通用教材，只要能表达自己的研究心得，就心满意足了。我觉得，写中国哲学史有似于写读后感，最好由一个人来写。多人在一起合作能写出读后感吗？似乎不可能。在国外，哲学史通常都由个人书写，文德尔班的写本、罗素的写本、梯利的写本皆如此。中国大陆个人撰写中国哲学史的人不多。据我所知，大概只有已故的冯友兰、冯契两位先生。冯友兰先生始终坚持个人写作，即便九十高龄，依然笔耕不辍，就是想表达出自己的真情实感。我仿效前辈，也想依照此方法写作，算是对自己五十年来治中国哲学史的一个交代吧。我写这些书，也是我多年教学实践的总结。我在讲课的时候，不借助任何一种版本的中国哲学史教科书，就讲自己的研究心得。这种讲法很受同学们欢迎。每逢下课，大家总报以热烈掌声。

根据我的理解，中国哲学史大约从公元前5世纪发端，到1949年中华人民共和国成立为止，共经历过四个阶段、三次变革、七个步骤。

第一个阶段叫作奠基期。先秦时人从原始宗教中演化出天人之辨，这个问题贯穿整个中国古代哲学的全过程，可称作基本问题。奠基期面临的具体问题是如何由乱变治，以人为重心，解决方案是"诸子学"。这是中国哲学史上第一种理论形态。诸子学主要有四家：一是道家，主张婴儿说；二是儒家，主张兄弟说；三是墨家，主张朋友说；四是法家，主张对手说。道、儒、墨三家都是想法或说法，只有法家将说法变成做法。秦始皇采取法家理论，用武力统一中国，使法家政治哲学成为第一种官方哲学。奠基期以法家胜出宣告终结，遂进入展开期。奠基期从公元前5世纪算起，历时将近三百年，以"诸子争鸣"为关键词。

第二个阶段叫作展开期。起点是公元前202年汉朝建立，终点截至公元960年宋朝建立，历时近1200年。这一时期以"三教并立"为关键词。在此阶段，儒、佛、道全都登场，形成"以儒治国、以道治身、以佛治心"的格局。在展开期，哲学家问题意识有了变化，由"打天下"转到"治天下"。法家能帮助皇帝打天下，却不能帮助皇帝治天下，秦二世而亡就是明证。看来法家政治哲学作为官方哲学并不称职，汉初皇帝必须另找他家。他们最初找的是黄老之学，采取"无为而治"国策。于是，道家政治哲学便成为第二种官方哲学。"无为而治"国策虽收到一定效果，但也带来"尾大不掉"的问题，不利于巩固中央集权制。看来道家也不称职，还要再次遴选他家。

汉武帝刘彻选定第三种官方哲学就是儒家政治哲学，国策改为"尊崇儒术"。儒家政治哲学成为官方哲学以后，又叫作经学，有"大经大法"的意思。它是中国哲学史上第二种理论形态。儒家政治哲学确实比法家的政治哲学高明。经学家不像法家那样，他们有"硬"的一手，还有"软"的一手：既有教化，又有刑狱。董仲舒不糊涂，意识到缺了哪一手都不行。法家思想是二维结构：一头是帝王，一头是万民。双方尖锐对立，逼得万民不得不起来造反。经学思想是三维结构：天、帝王、万民。帝王和万民既然都是天的后代，所以帝王不能一味打压万民，只使用"硬"的一手不行，还得施行教化，使用"软"的一手。经学帮助刘氏王朝的国祚延续几百年，最终还是垮台了。"天"既然塌了，经学自然无人问津，玄学取而代之，成为中国哲学史上第三种理论形态。东汉灭亡后，中国进入长达400余年的分裂时代。由于语境变了，哲学家的问题意识也变了。玄学家不再关心"治国平天下"之类的政治哲学话题，转向安身立命的人生哲学话题。不过，他们的人生哲学适用面很窄，只限于士大夫，没有把广大民众纳入他们的眼帘。玄学家直接讨论的问题是体用关系，内含着天人之辨。他们对本体论很感兴趣，构想了贵无论、崇有论、独化论等学说。不过，由于受到一元世界观限制，他们没有建立起信仰世界。他们要想建立信仰世界，就"请"来了佛教。

佛教不信奉一元世界观，其认为世界有两个：一个是彼岸，一个是此岸。彼岸就是信仰世界，里面花样繁多，为终极价值提供依据。佛教的言说对象不限于上层，而面向全民，很快就征服了人心，把玄学挤到后排。佛学是中国哲学史上第四种理论形态，以佛学的兴盛为标志，中国哲学进入宗教哲学时代。佛学直接讨论的问题是此岸与彼岸关系，但与天人之辨相衔接，以"治心"为专长。佛学分为两种：一种是外来佛教，坚信二元世界观；一种是中国佛教宗派，其虽接受佛教信仰，却强调世界的整体性，依然走天人合一的路子。三教中的"道"含义甚广。广义的道家包括黄老之学、玄学、道教在内,以"治身"为专长,如早期中医大夫大都有道教背景。三教并立局面最终形成于唐朝。那时中国再次统一,结束分裂时代。唐朝科举取士,把儒家政治哲学再次扶上"以儒治国"的位置。唐朝皇帝姓李,跟李耳攀上同宗,道家自然受到保护,遂占据"以道治身"的位置。武则天以女人之身当皇帝,只能求助于佛教,使佛教获得"以佛治心"的荣耀。

第三个阶段叫作高峰期。起点是公元960年北宋建立,终点截至1840年鸦片战争,历时近900年。这一时期以"理学行世"为关键词。宋明理学经历过政治哲学和宗教哲学的发展以后,成为中国哲学史上第五种理论形态。宋明理学使儒学实现了从政治哲学到人生哲学的变革。他们直接讨论的问题是理事关系,内含着天人之辨。宋明理学家创立内在超越精神生活方式,充分体现以人为本的哲学精神,实现了以"儒学代宗教"的愿景。在中国人信仰世界中,主角不再是诸佛,而代之以圣人。做圣人就要革尽人欲、复尽天理、发现良知。宋明理学使儒学得到全方位的发展,不但能治国,也能治身,还能治心。他们借鉴佛教的智慧,以中国方式解决了如何建立信仰世界的问题,塑造了中国人非宗教的精神面貌。宋明理学关于如何做人方面有建树,可是关于如何成才方面乏善可陈,无助于综合国力的提升。可能由于中国人才匮乏,一败于北方诸国,二败于西方洋人，迫使中国哲学史不能不进入转型期。

第四个阶段叫作转型期，也可以叫作拓展期，也就是近现代时期。从1840年算起，直到1949年中华人民共和国建立，历时109年。在转型期，近代思想家突破人生哲学界限，转向自然哲学，实现了第二次变革。现代哲学家从自发哲学提升到自觉哲学，实现第三次变革。以上就是中国哲学史走过的历程。第一步，从原始宗教中提炼出天人之辨为中国哲学基本问题，形成诸子学；第二步，由诸子学演化出经学；第三步，由经学的形象思维演化抽象思维，玄学问世；第四步，由玄学的抽象思维进展到佛教的彼岸思维；第五步，由佛教的彼岸思维演化出成人思维，宋明理学问世；第六步，近代实现了由人生哲学到自然哲学的变革，形成历史观、本体论、知行观、人性观的转向；第七步，从1919年五四运动开始，由自发哲学变革为自觉哲学，形成现代新儒学、中国实证哲学、中国马克思主义哲学三大思潮。至于第八步，目前还在行进过程中，不到写入中国哲学史的时候。

总之，中国哲学史绝不是一潭死水，而是奔腾的长河，它按照自身的逻辑发展着，一浪盖过一浪。不要迷信任何道统论，因为没有哪种"道"可以把中国哲学史"统"起来。在马克思主义指导下，中国哲学面貌焕然一新。在"第二个结合"的呼声中，中国哲学格外受到重视，必将揭开新的篇章。至于新篇章怎么写，有赖于你们这一代人，我已经老了，有心无力。我相信，中国哲学会有美好的前景，我期待着。今天就谈到这里，谢谢！

〔本文收入《儒学学者口述史（第一辑）》，齐鲁书社2024年版。采访人：温海明，中国人民大学哲学院教授。〕